FORMAR LÍDERES RADICAIS

Um manual para formar líderes em grupos pequenos e assembleias cristãs para liderar movimentos de implantação de igrejas

Formar Líderes Radicais

Um manual para ajudar a formar líderes em grupos pequenos e assembleias cristãs para liderar movimentos de implantação de igrejas

De Daniel B. Lancaster, Ph.D.

Publicado por: T4T Press

Primeira edição: 2013

Título original: Training Radical Leaders

Tradução: Bárbara Maia

Todos os direitos reservados. Nenhuma parte deste livro pode ser reproduzida ou transmitida por quaisquer formas ou meios, electrónicos ou mecânicos, incluindo fotocópias, gravações ou qualquer tipo de sistema de arquivamento e recuperação de informações, sem a autorização escrita do autor, excepto no caso da inclusão de pequenas citações em artigos de crítica.

Copyright 2013 de Daniel B. Lancaster

ISBN 978-1-938920-74-5 impresso

Todas as citações das Escrituras foram retiradas da Bíblia Sagrada, Lisboa/Fátima, Difusora Bíblica/Franciscanos Capuchinhos, 5.ª edição, 2008. Utilizadas com conhecimento da Editora. Todos os direitos reservados.

Library of Congress Cataloging-in-Publication Data

Sumário

Preâmbulo 7
Agradecimentos 9
Prefácio 11

Part 1- Porcas e Parafusos

A Estratégia de Jesus 17
Formar Líderes 20
Princípios da Formação 25

Part 2- Lições de Liderança

Boas-Vindas 31
Formar Como Jesus 44
Liderar Como Jesus 57
Crescer em Força 72
Mais Fortes Juntos 86
Partilhar o Evangelho 99
Fazer Discípulos 115
Começar Grupos 131
Multiplicar Grupos 147
Seguir Jesus 163

Part 3- Recursos

Mais Estudo 177
Apêndice A – Perguntas Frequentes 179
Apêndice B – Listas de Verificação 191
Apêndice C – Notas Para os Tradutores 193
Apêndice D – O meu plano de Jesus 195

Em Memória de Tom

Preâmbulo

Tornar o ministério da igreja mais eficaz é um desafio constante. Quem está envolvido em servir Jesus sabe que há pouca coisa mais importante do que assegurar-se de que são usados métodos eficazes para formar crentes. Nesta altura, um dos métodos mais eficazes para formar crentes é a série *Formação Para Seguir Jesus*. O primeiro livro da série, *Fazer Discípulos Radicais*, faculta lições facilmente reproduzíveis para transformar novos crentes em discípulos semelhantes a Cristo. Este segundo livro vai mais longe e faculta lições para transformar discípulos semelhantes a Cristo em líderes que estão a multiplicar grupos. *Formar Líderes Radicais* de Dan Lancaster é um plano testado e comprovado para a formação. É prático e lúcido no ensino — facultando encenações, imagens e experiências práticas a quem está a ser formado.

Formar Líderes Radicais é indiscutivelmente um dos métodos mais eficazes de formar crentes para o ministério de modo aprofundado. Este material não só é eficaz, mas também acelera o desenvolvimento da liderança. As lições antecipam as necessidades dos líderes, dão uma visão de como é um líder devoto, assim como passos a seguir na implantação de igrejas novas. Este livro olha para o futuro e ajuda os líderes que estão a ser formados a elevar líderes e a formá-los também. *Formar Líderes Radicais* ajuda os líderes a compreender-se a si mesmos e às pessoas com quem trabalham sob uma nova perspectiva através do uso de oito imagens relacionadas com a personalidade.

Como um todo, a série *Formação Para Seguir Jesus* equipa os novos crentes de forma holística. Este segundo livro da série continua o método útil e prático começado no primeiro livro. O ministério do Rei dos Reis exige apenas o melhor dos métodos. Aqui está um plano para formar líderes que cumpre esses requisitos.

Roy J. Fish

Agradecimentos

Todos os livros de formação são uma compilação de lições aprendidas em vida. A colecção *Formação Para Seguir Jesus* não é excepção. Eu tenho uma dívida de gratidão para com muitas pessoas que me formaram, para que eu pudesse formar outras.

No Sudeste Asiático, vários amigos trabalharam lado a lado comigo para desenvolver estes materiais de formação de líderes. Obrigado Gilbert David, Jeri Whitfield, Craig Garrison, Steve Smith, Neill Mims e Woody e Lynn Thingpen pelas vossas intuições, apoio e ajuda. Fizemos esta caminhada juntos muitos anos.

Vários líderes espirituais influenciaram significativamente a minha vida e gostaria de lhes agradecer. O Dr. Ricky Paris ensinou-me a procurar Deus com todo o meu coração. Gaylon Lane, L.D. Baxley e Tom Popelka foram modelos de amor incondicional e de liderança espiritual durante uma parte difícil da minha peregrinação. O Dr. Elvin McCann encorajou o fogo da missão que Deus colocou dentro de mim. O Rev. Nick Olson mostrou-me como ser um homem de estratégia e de integridade. O Dr. Ben Smith apresentou-me Jesus e permanece um confidente desde essa altura. O Dr. Roy Fish partilhou comigo uma visão para a multiplicação de discípulos no início do meu ministério. O Rev. Ron Capps ensinou-me que "o maior líder é o maior servo". Obrigado a todos por me formarem como líder, para que eu pudesse formar os outros.

Tom Wells serviu como líder de adoração em Highland Fellowship, a segunda igreja que implantamos. Um músico talentoso e um amigo querido, tomámos muitos cafés juntos enquanto conversávamos sobre as oito imagens de Cristo. Ele ajudou-me a desenvolver o método simples de descobrir a personalidade usado em *Formar Líderes Radicais*. Organizámos a igreja e planeámos ministérios com base nas oito imagens de cristo. Também oferecemos serviços de consultadoria a igrejas locais em relação à saúde da igreja. Tom, embora agora estejas com o Senhor, sabe que o teu trabalho continua, que nós nos lembramos de ti e que sentimos muito a tua falta.

Também deixo um obrigado especial a David e Jill Shanks, que contribuíram para este projecto. A sua generosidade possibilitou que inúmeros crentes na Ásia se fortalecessem em discipulado, liderança e implantação de igrejas. A fila no Céu será longa, à espera para dizer "Obrigado".

Por último, a minha família oferece este livro de presente à sua. Holli, a minha esposa, e os meus filhos, Jeff, Zach, Karis e Zane, fizeram sacrifícios e apoiaram esta tentativa de desenvolver líderes espirituais entusiastas e trazer cura às nações.

Daniel B. Lancaster, Ph.D.
Sudeste Asiático

Prefácio

Deus concedeu à nossa família o privilégio de começar duas igrejas nos Estados Unidos. A primeira igreja situava-se em Hamilton, no Texas, a sede de condado rural de um dos condados mais pobres do Texas. As memórias de como Deus possibilitou que aquele poderoso grupo de crentes construísse o edifício de uma igreja com 200 lugares sem dívidas em tempos económicos difíceis ainda aquece corações hoje. Deus mudou todas as nossas vidas quando Se lembrou de Hamilton.

Começámos a nossa segunda igreja em Lewisville, no Texas. Eu tinha passado os anos do 3º ciclo do ensino básico e do secundário em Lewisville, um subúrbio liberal na zona de Dallas e Ft. Worth. A minha igreja local, Lakeland Baptist, patrocinou a nova igreja e, com generosidade, sustentou-nos financeira, emocional e espiritualmente. Fomos a décima-oitava igreja que implantaram na área. Devido à nossa experiência anterior na implantação de igrejas, o pastor pediu-nos para começar a igreja sem um grupo central, contando sobretudo com apelos de porta em porta.

Dois meses depois de começar a nova igreja, comecei a sentir dores significativas por todo o corpo e sofria de cansaço intenso. Os médicos identificaram a doença como lúpus no mesmo dia em que o nosso quarto filho nasceu. Testes posteriores alteraram o diagnóstico para espondilite anquilosante – uma doença artrítica que pode causar a fusão entre a coluna vertebral, a caixa torácica e as articulações das ancas. Os analgésicos muito fortes traziam algum alívio, mas também me deixavam sonolento. Conseguia trabalhar no máximo duas horas por dia e passava o resto do tempo a descansar e a rezar.

Este período do nosso ministério foi uma "noite escura da alma". O cansaço e a dor limitavam tudo. Embora estivesse muito doente, sentíamos que Deus ainda nos estava a chamar para começar a igreja. Pedimos-Lhe para nos libertar, mas Ele respondeu lembrando-nos que a Sua graça era suficiente. Nós sentíamo-nos como se Deus nos tivesse abandonado, mas o Seu amor nunca vacilou. Questionámos o nosso chamamento, mas Ele continuou a atrair-nos para mais perto Dele e a dar-nos esperança. Perguntámo-nos se Deus nos estaria a punir por qualquer pecado desconhecido, mas Ele encheu-nos de fé que Ele salvaria pessoas perdidas e as traria de volta à Sua família. O nosso sonho de um dia irmos para um campo missionário desvaneceu lentamente e acabou por desaparecer.

Como é que investiria o seu tempo se só conseguisse trabalhar duas horas por dia no início de uma nova igreja? Deus levou-nos a concentrarmo-nos em desenvolver líderes. Aprendi a passar uma hora com uma pessoa ao almoço e a deixar-lhe um plano estratégico para o mês seguinte, normalmente escrito num guardanapo! Desenvolveu-se um espírito multiplicador de formação de outras pessoas, que por sua vez formavam outras. Ajudámos pessoas a descobrir como Deus os "formatara" e a permanecer em Cristo de formas práticas. Muitos adultos e crianças entraram no Reino de Deus, apesar do sofrimento físico com que nos deparámos.

Três anos depois do aparecimento da minha doença, começámos um medicamento novo que transformou a nossa noite em dia. A dor e o cansaço tornaram-se controláveis. Em vez de voltarmos ao antigo modelo de o pastor fazer tudo, continuámos no mesmo caminho de desenvolvimento de líderes. Quatro anos depois de começar a igreja, fiz uma viagem de visão ao Sudeste Asiático com um amigo. Quando saí do avião numa terra estrangeira, Deus falou-me ao coração e disse "Estás em casa". Nessa noite, telefonei à minha esposa e ela confirmou que

Deus tinha feito o mesmo chamamento a nós os dois. Um ano depois, vendemos tudo o que possuíamos, fizemos as malas da nossa família de quatro pessoas e mudámo-nos para o Sudeste Asiático.

Trabalhámos num país fechado e começámos a fazer discípulos. Pedimos a Deus para nos dar três homens e três mulheres a quem nos pudéssemos dedicar, seguindo o exemplo de Jesus de se concentrar em Pedro, Tiago e João. Deus respondeu às nossas orações e enviou-nos pessoas de quem podíamos ficar lado a lado e formar, como Barnabé formou Paulo. Conforme formávamos mais e mais pessoas para seguir Jesus, estas começavam muitos grupos novos, alguns dos quais se tornaram igrejas. À medida que cresciam, grupos e igrejas depressa se deparavam com a necessidade de mais e melhores líderes. O país onde ministrávamos também sofria de um vácuo de liderança e de escasso desenvolvimento de liderança. Começámos um estudo abrangente de como Jesus formou os discípulos como líderes. Ensinámos essas lições aos nossos amigos nativos e fizemos uma descoberta interessante: fazer discípulos e formar líderes são dois lados da mesma moeda. "Fazer discípulos" descreve o princípio da jornada e "formar líderes" descreve a continuação da jornada. Também descobrimos que quanto mais imitávamos Jesus, mais reprodutível a nossa formação se tornava.

As lições reprodutíveis que ensinámos aos líderes constituem este manual de formação. Jesus é o maior líder de todos os tempos e vive nos Seus seguidores. Conforme O seguimos, tornamo-nos melhores líderes. Que Deus o abençoe como líder e as pessoas que influenciar através deste manual de formação. Muitos líderes formaram com sucesso gerações de líderes com estes materiais e pedimos a Deus que abençoe a sua vida enquanto faz o mesmo.

Parte 1
PORCAS
E
PARAFUSOS

A Estratégia de Jesus

A estratégia de Jesus para alcançar as nações implica cinco tácticas: Ser forte em Deus, partilhar o Evangelho, fazer discípulos, começar grupos que se tornem igrejas e desenvolver líderes. Embora cada uma destas tácticas seja válida sozinha, juntas criam um processo sinérgico. O material da *Formação Para Seguir Jesus* permite que os formadores sejam estímulos de um movimento de implantação de igrejas entre as pessoas à sua volta, simplesmente através do seguimento de Jesus.

A *Formação Para Seguir Jesus* começa com *Fazer Discípulos Radicais* e as primeiras quatro tácticas da estratégia de Jesus. Os discípulos aprendem a rezar, obedecem às ordens de Jesus e caminham na força do Espírito Santo (Ser Forte em Deus). Em seguida, descobrem como se juntar a Deus onde Ele está a trabalhar e partilham o seu testemunho – uma arma poderosa na guerra espiritual. Depois, aprendem a partilhar o Evangelho e convidam as pessoas a regressar à família de Deus (Partilhar o Evangelho). Completar o curso faculta aos líderes as ferramentas para começar um grupo pequeno, apresentar uma visão para a multiplicação e um plano para alcançar a sua comunidade (Começar Grupos).

Discípulos em crescimento expressaram duas necessidades sentidas à medida que os formámos e orientámos. Líderes emergentes perguntavam-se como podiam crescer como líderes espirituais e que passos eram necessários para passar de um grupo a uma igreja. Como as tácticas da estratégia de Jesus não são sequenciais, alguns discípulos pediram formação de liderança e depois formação de implantação de igrejas. Outros discípulos inverteram esta ordem. Consequentemente, começámos a oferecer dois seminários de formação adicionais a discípulos que usavam o manual *Fazer Discípulos Radicais* e eram fiéis a formar os outros.

Começar Igrejas Radicais ajuda igrejas existentes a começar grupos e igrejas novos – a quarta táctica da estratégia de Jesus. Poucos líderes começaram uma igreja e um erro frequente que cometem é copiar a estrutura da sua igreja actual na nova igreja. Esta abordagem quase garante fracos resultados. *Começar Igrejas Radicais* evita este erro formando os discípulos para obedecer às oito ordens de Cristo a que Igreja inicial obedeceu em Act 2. O grupo trabalha aplicações práticas de cada ordem e desenvolve um pacto de igreja em conjunto. Se o grupo sentir a liderança de Deus, o seminário termina com uma cerimónia de celebração e de dedicação enquanto igreja nova.

Formar Líderes Radicais ajuda os líderes a formar os outros para que se tornem líderes espirituais entusiastas – a quinta táctica da estratégia de Jesus. O desenvolvimento da liderança é um ingrediente-chave de movimentos de implantação de igrejas. O seminário mostra aos líderes o processo que Jesus usou para formar líderes e as sete qualidades de liderança de Jesus, o maior líder de todos os tempos. Os líderes também descobrem o seu tipo de personalidade e formas de ajudar pessoas com personalidades diferentes a trabalhar juntas. Por último, os líderes desenvolvem um "Plano de Jesus" baseado em doze princípios de ministério que Jesus deu aos discípulos em Lc 10. O seminário fecha com os líderes a partilhar o seu "Plano de Jesus" e a rezar uns com os outros. Prometem orientar-se uns aos outros e desenvolver novos líderes.

Tanto *Começar Igrejas Radicais* como *Formar Líderes Radicais* formam discípulos para imitar o ministério e método de Jesus. Os formadores dão aos líderes ferramentas reproduzíveis que podem dominar e partilhar com os outros. A *Formação Para Seguir Jesus* não é um curso para aprender, mas um estilo de vida. Durante mais de dois mil anos, Deus abençoou e mudou inúmeras vidas através da simplicidade de seguirem o Seu Filho. Os crentes têm seguido a estratégia de Jesus e visto culturas inteiras transformadas. Que Deus faça o mesmo na sua vida e entre as pessoas que formar para seguirem Jesus.

Formar Líderes

Formar Líderes Radicais é uma continuação do primeiro curso, *Fazer Discípulos Radicais*, e ajuda os que começaram grupos de discípulos a crescer como líderes e a multiplicar mais grupos.

Resultados Da Formação

Após completar este seminário de formação, os discentes conseguem:

- Ensinar a outros líderes dez lições centrais de liderança.
- Formar outros líderes usando um processo reproduzível demonstrado por Jesus.
- Identificar diferentes tipos de personalidades e ajudar as pessoas a trabalhar juntas em equipa.
- Desenvolver um plano estratégico para envolver as pessoas espiritualmente perdidas na sua comunidade e multiplicar novos grupos.
- Compreender como liderar um movimento de implantação de igrejas.

Processo De Formação

Todas as sessões de formação seguem o mesmo formato, baseado na forma como Jesus formou os discípulos como líderes. Segue-se uma planificação genérica de uma lição, com sugestões de períodos de tempo para cada parte.

LOUVOR

- Cantem dois cânticos ou hinos em conjunto (ou mais, conforme o tempo permitir).

    (10 minutos)

PROGRESSO

- Um líder fala do progresso do seu ministério desde a última vez que os líderes se reuniram. O grupo reza pelo líder e pelo seu ministério.

    (10 minutos)

PROBLEMA

- O formador apresenta um problema de liderança comum, explicando-o com uma história ou abordagem pessoal.

    (5 minutos)

PLANO

- O formador ensina aos líderes uma lição de liderança simples que lhes dá discernimento e competências para resolver o problema de liderança.

(20 minutos)

PRÁCTICA

- Os líderes dividem-se em grupos de quatro e praticam o método de formação discutindo a lição que acabaram de aprender, incluindo:

    o O progresso feito nesta área de liderança.
    o Os problemas encontrados nesta área de liderança.
    o Planos para melhorar nos próximos 30 dias com base na lição de liderança.
    o Uma competência que treinarão nos próximos 30 dias com base na lição de liderança.

- Os líderes levantam-se e repetem o versículo de memorização dez vezes em conjunto, seis vezes lendo a Bíblia e quatro vezes de cor.

(30 minutos)

ORAÇÃO

- Grupos de quatro partilham preocupações e rezam uns pelos outros.

(10 minutos)

FINAL

- A maioria das sessões termina com uma actividade didáctica para ajudar os líderes a aplicar a lição ao seu próprio contexto.

(15 minutos)

HORÁRIO DA FORMAÇÃO

Use este manual para facilitar um seminário de três dias ou um programa de formação de 10 semanas. Cada sessão dos dois horários demora cerca de uma hora e meia e usa o **Processo de Formação de Formadores da Página 20**.

A formação de liderança normalmente ocorre uma vez por mês, duas vezes por mês ou num seminário de três dias. Esta formação só deve ser frequentada por líderes que lideram um grupo actualmente.

Horário de Três Dias

	Dia 1	Dia 2	Dia 3
8:30	Boas-vindas	Mais Fortes Juntos	Começar Grupos
10:00	*Intervalo*	*Intervalo*	*Intervalo*
10:30	Formar Como Jesus	Concurso de Teatro	Multiplicar Grupos
12:00	*Almoço*	*Almoço*	*Almoço*
1:00	Liderar Como Jesus	Partilhar o Evangelho	Seguir Jesus
2:30	*Intervalo*	*Intervalo*	
3:00	Crescer Em Força	Fazer Discípulos	
5:00	*Jantar*	*Jantar*	

Weekly Schedule

Semana 1	Boas-vindas	Semana 6	Partilhar o Evangelho
Semana 2	Formar Como Jesus	Semana 7	Fazer Discípulos
Semana 3	Liderar Como Jesus	Semana 8	Começar Grupos
Semana 4	Crescer Em Força	Semana 9	Multiplicar Grupos
Semana 5	Mais Fortes Juntos	Semana 10	Seguir Jesus

Princípios da Formação

Ajudar outras pessoas a desenvolver-se como líderes é um trabalho excitante e exigente. Contrariamente à opinião popular, os líderes são feitos, não nascem líderes. Para emergirem mais líderes, o desenvolvimento da liderança tem de ser intencional e sistemático. Algumas pessoas acreditam erroneamente que os líderes se tornam líderes com base na sua personalidade. Contudo, uma análise rápida de pastores de megaigrejas bem-sucedidos revela pastores com muitas personalidades diferentes. Quando seguimos Jesus, seguimos o maior líder de todos os tempos, e desenvolvemo-nos nós próprios como líderes.

Líderes em crescimento precisam de uma abordagem equilibrada no que diz respeito ao desenvolvimento da liderança. Uma abordagem equilibrada inclui trabalho no conhecimento, carácter, competências e motivação. Uma pessoa precisa dos quatro ingredientes para ser um líder eficaz. Sem conhecimento, suposições erradas e mal-entendidos desencaminham o líder. Sem carácter, um líder cometerá erros morais e espirituais que entravam a missão. Sem as competências necessárias, o líder reinventará continuamente a roda ou usará métodos antigos. Por último, um líder com conhecimento, carácter, e competência, mas sem motivação, só se preocupa com o *statu quo* e a preservação da sua posição.

Os líderes têm de aprender as ferramentas essenciais para alcançar o seu objectivo. Depois de passar um tempo significativo em oração, todos os líderes precisam de uma visão envolvente. A visão responde à questão: "O que é que tem de acontecer a seguir?". Os líderes têm de saber qual é a finalidade do que estão a fazer. A finalidade responde à questão: "O que é importante?". Saber a resposta a esta pergunta conduziu muitos líderes através de tempos difíceis. Depois, os líderes têm de saber qual é a sua missão. Deus junta as pessoas em comunidade para realizarem a Sua vontade. A missão responde à questão: "Quem tem de estar envolvido?". Por último, os bons líderes têm objectivos claros e concisos a seguir. Normalmente, um líder traçará a visão, a finalidade e a missão através de quatro ou cinco objectivos. Os objectivos respondem à questão: "Como é que o faremos?".

Descobrimos como é difícil prever líderes emergentes num grupo. Deus surpreendê-lo-á sempre com a Sua escolha! A abordagem mais produtiva é tratar todas as pessoas como se já fossem líderes. Uma pessoa pode liderar-se apenas a si própria, mas isto continua a ser liderar. As pessoas tornam-se melhores líderes em proporção directa com as nossas expectativas (fé). Quando tratamos as pessoas como seguidoras, elas tornam-se seguidoras. Quando tratamos as pessoas como líderes, elas tornam-se líderes. Jesus escolheu pessoas de todos os níveis da sociedade para mostrar que a boa liderança depende de permanecermos com Ele, e não dos sinais exteriores que as pessoas frequentemente procuram. Porque é que temos escassez de líderes? Porque os líderes actuais recusam-se a dar a pessoas novas a oportunidade de liderar.

Poucos factores param um movimento de Deus mais depressa do que a falta de liderança piedosa. Infelizmente, nós encontrámos um vácuo de liderança na maior parte dos países onde formámos pessoas (incluindo nos Estados Unidos). Os líderes piedosos são a chave do *shalom* – paz, bênção e rectidão – de uma comunidade. Uma citação famosa de Albert Einstein pode ser parafraseada da seguinte forma: "Não conseguimos resolver os nossos problemas actuais com o nosso nível actual de liderança." Deus está a usar a *Formação Para Seguir Jesus* para equipar e motivar muitos líderes novos. Rezamos para que o mesmo lhe aconteça a si. Que o maior líder de todos os tempos encha o seu coração e a sua mente com todas as bênçãos espirituais, o fortaleça e aumente a sua influência – o verdadeiro teste da liderança.

Parte 2

Formação de Liderança

1

Boas-Vindas

Formadores e líderes apresentam-se uns aos outros na primeira lição. Depois, os líderes aprendem a diferença entre os métodos de formação grego e hebraico. Jesus usou os dois métodos e nós devemos fazer o mesmo. O método hebraico é o mais útil para formar líderes e o que é usado com mais frequência em *Formar Líderes Radicais*.

    O objectivo da lição é que os líderes compreendam a estratégia de Jesus para alcançar o mundo. As cinco partes da estratégia de Jesus incluem: Ser Forte em Deus, Partilhar o Evangelho, Fazer Discípulos, Começar Grupos que se Tornem Igrejas e Formar Líderes. Os líderes revêem as lições da *Formação Para Seguir Jesus, Parte 1: Fazer Discípulos Radicais*, que equipam os crentes para ser bem-sucedidos em cada parte da estratégia de Jesus. Os líderes também praticam traçar uma visão aos outros do seguimento da estratégia de Jesus. A sessão termina com o encargo de seguir Jesus e obedecer às Suas ordens todos os dias.

Louvor

- Cantem dois cânticos ou hinos em conjunto.
- Peça a um líder respeitado para rezar pela presença e bênção de Deus durante o seminário de formação.

Início

Apresentar os Formadores

- Formadores e líderes sentam-se em círculo para começar a sessão de abertura. Para promover uma atmosfera informal, remova quaisquer mesas preparadas antes.
- Os formadores exemplificam como os líderes se apresentarão.
- O formador e o aprendiz apresentam-se um ao outro. Partilham o nome da outra pessoa, informações sobre a sua família, grupo étnico (se apropriado) e uma forma como Deus abençoou o grupo que está a liderar no mês anterior.

Apresentar os Líderes

- Divida os líderes em pares.

    "Apresentem o vosso parceiro da mesma forma que eu e o meu aprendiz nos apresentámos."

- Os líderes devem ficar a saber o nome do parceiro, informações acerca da sua família, o seu grupo étnico (se apropriado) e uma forma como Deus abençoou o grupo que está a liderar no mês anterior. Encoraje-os a registar

a informação nos cadernos de apontamentos para não se esquecerem dela quando apresentarem o seu parceiro.
- Cerca de cinco minutos depois, peça aos pares de líderes para se apresentarem a pelo menos cinco outros pares da mesma forma como você lhes apresentou o seu parceiro.

Como é que Jesus Formou Líderes?

- Peça aos líderes para colocarem as suas cadeiras em filas – o método tradicional de ensinar. Devem formar pelo menos duas filas e um corredor ao longo do meio. Os líderes sentam-se nas filas, enquanto os formadores ficam de pé à frente.

    "Chamamos a isto o método 'grego' de ensino. O professor partilha conhecimento, os estudantes fazem algumas perguntas e todas as pessoas dirigem-se primeiro ao professor. Normalmente, os professores organizam as suas aulas desta forma, sobretudo com crianças."

- Peça aos líderes para colocarem as cadeiras novamente em círculo, como o do início da sessão. Líderes e formadores formam um círculo sentando-se juntos.

    "Chamamos a isto o método 'hebraico' de ensino. O professor faz algumas perguntas, os estudantes discutem o assunto e todas as pessoas dirigem-se a quem está a falar, e não apenas ao professor. Os professores às vezes usam este método quando ensinam adultos. Que método de ensino usou Jesus?"

- Deixe os estudantes discutir a questão e depois diga: "Ambos". Jesus usou o método grego quando se dirigia às multidões e o método hebraico quando estava a formar os discípulos como líderes.

"*Qual é o método usado pela maioria dos professores do vosso contexto?*"

- Os professores usam o método grego com mais frequência. Consequentemente, sentimo-nos mais confortáveis nesse contexto.

"*Nestas sessões de formação, mostraremos como formar líderes como Jesus fez. A maioria das sessões de Formar Líderes Radicais usará o método 'hebraico', pois Jesus usou esse método quando formou líderes. Nós queremos imitá-Lo.*"

Plano

"*O nosso objectivo nesta lição é compreender a estratégia de Jesus para alcançar o mundo, para que O possamos seguir.*"

Quem Constrói a Igreja?

–MT 16,18–
TAMBÉM EU TE DIGO: TU ÉS PEDRO, E SOBRE ESTA PEDRA EDIFICAREI A MINHA IGREJA, E AS PORTAS DO ABISMO NADA PODERÃO CONTRA ELA.

"*Jesus é aquele que constrói a Sua igreja.*"

Porque é que é Importante Quem Constrói a Igreja?

–SL 127,1–
SE O SENHOR NÃO EDIFICAR A CASA, EM VÃO TRABALHAM OS CONSTRUTORES. SE O SENHOR NÃO GUARDAR A CIDADE, EM VÃO VIGIAM AS SENTINELAS.

"Se Jesus não construir a igreja, o nosso trabalho será em vão. Durante o seu ministério terrestre e ao longo da história da igreja, Jesus construiu sempre a sua igreja usando a mesma estratégia. Vamos aprendê-la para que O possamos seguir."

Como é Que Jesus Constrói a Sua Igreja?

- Desenhe o diagrama em baixo, secção a secção, enquanto partilha a estratégia de Jesus para alcançar o mundo.

SER FORTE EM DEUS

> –LC 2,52–
> E Jesus crescia em sabedoria, em estatura e em graça, diante de Deus e dos homens.

> –LC 4,14–
> (depois da Sua tentação) Impelido pelo Espírito, Jesus voltou para a Galileia e a sua fama propagou-se por toda a região.

"A primeira táctica da estratégia de Jesus é 'Ser Forte em Deus'. A liderança espiritual depende de uma relação pura e próxima com Deus. Para sermos fortes, temos de permanecer em Jesus.

> ✋ Ser Forte em Deus
> Levante os braços para cima e pose como homem forte.

Conforme permanecemos em Jesus, rezamos, obedecemos às Suas ordens, caminhamos no Espírito e juntamo-nos a Jesus onde Ele está a trabalhar."

- REVEJA as lições "Rezar", "Obedecer" e "Caminhar" com os movimentos com as mãos da *Formação Para Seguir Jesus, Parte 1: Fazer Discípulos Radicais.*

"Estas lições formam-nos em como permanecer em Cristo. Ajudam-nos a formar os outros para também permanecerem Nele. Parte de ser forte no Senhor é obedecer às Suas ordens. O resto da estratégia de Jesus consiste em ordens a que devemos obedecer imediatamente, sempre e com um coração de amor."

PARTILHAR O EVANGELHO

–MC 1,14.15–
Depois de João ter sido preso, Jesus foi para a Galileia, e proclamava o Evangelho de Deus, dizendo: "Completou-se o tempo e o Reino de Deus está próximo: arrependei-vos e acreditai no Evangelho."

"Fortalecemo-nos em Deus rezando e caminhando no Espírito. Outra forma de nos fortalecermos em Deus é obedecer às ordens de Jesus. Jesus ordena-nos que nos juntemos a Ele onde Ele está a trabalhar e partilhemos o Evangelho."

> Partilhar o Evangelho
> Finja que atira qualquer coisa com a mão direita, como que esteja a lançar sementes.

"Para a maioria das pessoas, partilhar um testemunho sobre como Deus as salvou é um bom ponto de partida quando estão a partilhar o Evangelho com os outros. As pessoas têm interesse e gostam de ouvir histórias pessoais. Partilhar o nosso testemunho também nos deixa ver se o Espírito Santo está a trabalhar, para que nos possamos juntar a ele.

Quando vemos onde Deus está a trabalhar, partilhamos o Evangelho simples. Certifiquem-se de que plantam a semente do Evangelho. Lembrem-se: sem semente não há ceifa!"

- REVEJA as lições "Ir", "Partilhar" e "Semear" com os movimentos com as mãos da *Formação Para Seguir Jesus, Parte 1: Fazer Discípulos Radicais*.

"Não caia numa das ciladas de Satanás nesta altura. Muitos crentes acreditam, erroneamente, que têm de ser mais fortes em

Deus antes de partilhar o Evangelho. Não percebem que o oposto é que é verdade. Ficamos mais fortes depois de obedecermos às ordens de Jesus, e não antes. Obedeçam às ordens de Jesus partilhando o Evangelho e fortalecerão a vossa fé. Se esperarem até se sentirem 'suficientemente fortes', nunca partilharão a vossa fé."

FAZER DISCÍPULOS

-MT 4,19-
[JESUS] DISSE-LHES: "VINDE COMIGO E EU FAREI DE VÓS PESCADORES DE HOMENS."

"Conforme permanecemos em Jesus e obedecemos à Sua ordem de partilhar o Evangelho, as pessoas responderão e quererão crescer como crentes."

 Fazer Discípulos
Mãos no coração e depois levantadas em adoração. Mãos na cintura e depois levantadas na posição de oração tradicional. Mãos a apontar para a mente e depois baixadas para parecer que está a ler um livro. Levante os braços para cima como na pose de um homem forte e depois faça um movimento circular como que esteja a lançar sementes.

"A ordem mais importante a obedecer é amar a Deus e amar as pessoas. Mostramos aos novos seguidores de Jesus como fazer isto de formas práticas. Também lhes ensinamos a rezar, a obedecer às ordens de Jesus, a caminhar no Espírito, a ir para onde Jesus está a trabalhar, a partilhar o seu testemunho e a partilhar o Evangelho simples, para que também possam ser fortes em Deus."

- REVEJA a lição "Amar" com os movimentos com as mãos da Formação Para Seguir Jesus, Parte 1: Fazer Discípulos Radicais.

COMEÇAR GRUPOS E IGREJAS

–MT 16,18–
TAMBÉM EU TE DIGO: TU ÉS PEDRO, E SOBRE ESTA PEDRA EDIFICAREI A MINHA IGREJA, E AS PORTAS DO ABISMO NADA PODERÃO CONTRA ELA.

"Conforme permanecemos em Jesus e obedecemos às Suas ordens, partilhamos o Evangelho e fazemos discípulos. Depois, seguimos o exemplo de Jesus e começamos grupos que adoram, rezam, estudam e ministram em conjunto. Jesus está a começar este tipo de grupos por todo o mundo para fortalecer a Sua igreja e ajudar as igrejas a começar igrejas novas para Sua glória."

 Começar Grupos e Igrejas
As mãos fazem um movimento de "chamamento", como que esteja a pedir às pessoas para se reunirem à sua volta.

DESENVOLVER LÍDERES

–MT 10,5-8–
JESUS ENVIOU ESTES DOZE, DEPOIS DE LHES TER DADO AS SEGUINTES INSTRUÇÕES: «NÃO SIGAIS PELO CAMINHO DOS GENTIOS, NEM ENTREIS EM CIDADE DE SAMARITANOS. IDE, PRIMEIRAMENTE, ÀS OVELHAS PERDIDAS DA CASA DE ISRAEL. PELO CAMINHO, PROCLAMAI QUE O REINO DO CÉU ESTÁ PERTO. CURAI OS ENFERMOS, RESSUSCITAI OS MORTOS, PURIFICAI OS LEPROSOS, EXPULSAI OS DEMÓNIOS. RECEBESTES DE GRAÇA, DAI DE GRAÇA.

"Conforme permanecemos em Cristo, mostramos o nosso amor por Ele obedecendo às Suas ordens. Partilhamos o Evangelho

para que as pessoas perdidas possam regressar à família de Deus. Fazemos discípulos que amam tanto a Deus como as pessoas. Começamos grupos que adoram, rezam, estudam e ministram em conjunto. Mais grupos criam uma necessidade de mais líderes. Seguindo o Princípio 222 em 2Tm 2,2, formamos líderes, que formam líderes, que formam ainda mais líderes."

> **Desenvolver Líderes**
> Posicione-se na posição militar e faça continência como um soldado.

- REVEJA a lição "Multiplicar" com os movimentos com as mãos da *Formação Para Seguir Jesus, Parte 1: Fazer Discípulos Radicais.*

"Por favor evitem um mal-entendido comum da estratégia de Jesus. Muitos crentes procuram seguir estas ordens de forma sequencial. Primeiro, pensam, vamos evangelizar; depois, faremos discípulos, e assim por diante. Contudo, Jesus mostrou-nos como obedecer a todas as ordens em cada situação. Por exemplo, enquanto partilhamos o Evangelho, já estamos a formar a pessoa para ser uma seguidora de Jesus. Conforme fazemos discípulos, ajudamos os novos crentes a encontrar um grupo existente ou a começar um grupo novo. Desde o início, exibimos os hábitos de um líder espiritual entusiasta.

Esta estratégia de cinco partes descreve como Jesus constrói a Sua igreja. Os discípulos imitaram a estratégia de Jesus na igreja inicial. Paulo copiou esta estratégia na sua missão aos Gentios. Líderes espirituais bem-sucedidos ao longo da história da igreja fizeram o mesmo. Quando os líderes se juntam a Jesus na Sua estratégia para alcançar o mundo, Deus abençoa países inteiros de formas significativas. Sigamos a estratégia de Jesus e vejamos a glória de Deus entrar neste país!"

Versículo de Memorização

–1COR 11,1–
SEDE MEUS IMITADORES, COMO EU O SOU DE CRISTO.

- Todas as pessoas levantam-se e dizem o versículo de memorização dez vezes em conjunto. Nas primeiras seis vezes, podem usar a Bíblia ou apontamentos. Nas últimas quatro vezes, dizem o versículo de cor. Digam sempre a referência do versículo antes de o citar e sentem-se quando acabarem.
- Seguir esta rotina ajudará os formadores a saber que equipas terminaram a lição na secção "Prática".

PRÁTICA

"Agora, pratiquemos o que aprendemos sobre a estratégia de Jesus para alcançar o mundo. Partilharemos a estratégia uns com os outros à vez. Depois, teremos confiança para ensinar outras pessoas."

- Peça aos líderes para se dividirem em pares.

"Peguem numa folha de papel. Dobrem-na ao meio. Voltem a dobrá-la ao meio tal como vos estou a mostrar. Isto dá-vos quatro painéis onde desenhar a imagem da estratégia de Jesus quando desdobrarem o papel."

- Peça aos líderes para treinar desenhar a imagem da estratégia de Jesus e explicá-la uns aos outros. *Os dois líderes* desenham a imagem da estratégia *ao mesmo tempo*. No entanto, apenas uma pessoa partilha a explicação. Os líderes não precisam de rever as lições

de *Fazer Discípulos Radicais* enquanto estão a desenhar a imagem.
- Quando a primeira pessoa do par terminar de desenhar e explicar a imagem da estratégia de Jesus, a segunda pessoa faz o mesmo. Depois, *os dois parceiros desenham uma imagem nova outra vez*. Em seguida, devem *levantar-se* e dizer o versículo de memorização 10 vezes em conjunto, seguindo o padrão ensinado antes.

"Quando acabarem de desenhar a imagem duas vezes e de dizer o versículo de memorização dez vezes com o vosso primeiro parceiro, procurem outro parceiro e treinem esta lição com ele da mesma forma."

Quando terminarem de praticar com o vosso segundo parceiro, procurem outro parceiro."

"Façam isto até terem praticado desenhar e explicar a estratégia de Jesus para alcançar o mundo com quatro pessoas diferentes."

(Quando os líderes terminarem esta actividade, deverão ter preenchido a frente e o verso da folha, com oito imagens ao todo da estratégia de Jesus.)

FINAL

JESUS DIZ "SEGUE-ME"

–MT 9:9–
PARTINDO DALI, JESUS VIU UM HOMEM CHAMADO MATEUS, SENTADO NO POSTO DE COBRANÇA, E DISSE-LHE: «SEGUE-ME!» E ELE LEVANTOU-SE E SEGUIU-O.

"Os cobradores de impostos eram das pessoas mais desprezadas no tempo de Jesus. Ninguém teria acreditado que Jesus chamaria Mateus, pois ele era um cobrador de impostos.

O facto de Jesus ter chamado Mateus mostra-nos que ele se preocupa mais com o presente do que com o passado. Poderão pensar que Deus não pode trabalhar nas vossas vidas porque cometeram demasiados pecados. Poderão sentir-se envergonhados de comentários que fizeram no passado. Contudo, a boa notícia é que Deus usa qualquer pessoa que escolha seguir Jesus hoje. Deus está à procura de pessoas que estejam dispostas a permanecer e a obedecer.

Quando seguimos uma pessoa, copiamo-la. Um aprendiz copia o mestre para aprender um ofício. Os estudantes tornam-se como os seus professores. Todos copiamos alguém. A pessoa que copiamos é a pessoa que nos tornamos.

O objectivo da Formação Para Seguir Jesus é mostrar aos líderes como copiar Jesus. Acreditamos que quanto mais O copiarmos mais seremos como Ele. Assim, nesta formação, colocaremos questões acerca da liderança, estudaremos a Bíblia, descobriremos como Jesus liderou os outros e praticaremos segui-Lo."

- Peça a um líder respeitado presente no grupo para fechar a lição com uma oração de bênção e dedicação para seguir a estratégia de Jesus para alcançar o mundo.

2

Formar Como Jesus

Um problema comum em igrejas ou grupos crescentes é a necessidade de mais líderes. Os esforços para formar líderes são muitas vezes insuficientes, pois não temos um processo simples a seguir. O objectivo desta lição é explicar como Jesus formou líderes, para que O possamos imitar.

Jesus formou líderes interrogando-os sobre o progresso feito na sua missão e discutindo quaisquer problemas que tinham enfrentado. Também rezava por eles e ajudava-os a fazer planos para promover a missão. Uma parte importante da formação dos líderes era praticar as competências de que precisariam nos seus futuros ministérios. Na Lição 2, os líderes aplicam este processo de formação de liderança ao seu grupo, assim como a estratégia de Jesus para alcançar o mundo. Por fim, os líderes desenvolvem uma "árvore da formação" que ajuda a coordenar a formação e a oração dos líderes que estão a formar.

Louvor

- Cantem dois cânticos de adoração em conjunto. Peça a um líder para rezar por esta sessão.

Progresso

- Peça a outro líder na formação para partilhar um pequeno testemunho (três minutos) de como Deus está a abençoar o seu grupo. Depois de o líder partilhar o testemunho, peça ao grupo para rezar por ele.

Problema

"As igrejas e os grupos reconhecem que precisam de mais líderes, mas muitas vezes não sabem como formar líderes novos. Os líderes actuais assumem mais responsabilidade e funções até se desgastarem. Os seguidores pedem aos líderes para fazer mais e mais com menos e menos até que os líderes acabam por desistir. As igrejas e os grupos de todas as culturas e países enfrentam este problema regularmente."

Plano

"Podemos aprender a formar líderes espirituais entusiastas. O objectivo desta lição é mostrar como Jesus formou líderes, para podermos copiá-Lo."

Revisão

Boas-vindas
    Quem Constrói a Igreja?
    Porque é que Isso é Importante?
    Como é Que Jesus Constrói a Sua Igreja?
        Ser Forte em Deus 🖐
        Partilhar o Evangelho 🖐
        Fazer Discípulos 🖐
        Começar Grupos e Igrejas 🖐
        Desenvolver Líderes 🖐

> –1Cor 11,1–Sede meus imitadores, como eu o sou de Cristo.

Como é Que Jesus Formou Líderes?

–LC 10,17–
OS SETENTA E DOIS DISCÍPULOS VOLTARAM CHEIOS DE ALEGRIA, DIZENDO: "SENHOR, ATÉ OS DEMÓNIOS SE SUJEITARAM A NÓS, EM TEU NOME!"

PROGRESSO

"Os discípulos regressaram da sua missão e contaram a Jesus o progresso que tinham feito. Da mesma forma, nós falamos com os líderes que estamos a formar. Mostramos um interesse pessoal em como está a sua família e no progresso feito no seu ministério."

 Progresso
Gire as mãos por cima uma da outra movendo-as para cima.

–Mt 17,19–
Então, os discípulos aproximaram-se de Jesus e perguntaram-lhe em particular: "Porque é que nós não fomos capazes de expulsá-lo?"

PROBLEMAS

"Os discípulos encontraram problemas durante o seu ministério e pediram a Jesus para os ajudar a compreender porque é que tinham falhado. Da mesma forma, nós pedimos aos líderes para partilharem os problemas que estão a enfrentar para que juntos possamos procurar as soluções em Deus."

> Problemas
> Coloque as mãos de cada lado da cabeça e finja que puxa o cabelo.

–Lc 10,1–
Depois disto, o Senhor designou outros setenta e dois discípulos e enviou-os dois a dois, à sua frente, a todas as cidades e lugares aonde Ele havia de ir.

PLANOS

"Jesus deu aos discípulos planos simples, espirituais e estratégicos para seguirem nas suas missões. Da mesma forma, nós ajudamos os líderes a fazer um plano para a sua 'próxima táctica', um plano

que seja simples, dependente de Deus e aborde os problemas que enfrentam."

 Planos
Estenda a mão esquerda como um papel e "escreva" nela com a mão direita.

–Jo 4,1-2–
Quando Jesus soube que chegara aos ouvidos dos fariseus que Ele conseguia mais discípulos e baptizava mais do que João – embora não fosse o próprio Jesus a baptizar, mas sim os seus discípulos...

PRÁTICA

"A descoberta de que os discípulos, e não Jesus, baptizaram novos crentes surpreende muitos líderes. Em várias ocasiões como esta, Jesus permitiu que os discípulos praticassem as tarefas que iriam desempenhar depois de Ele regressar ao Céu. Da mesma forma, nós damos aos líderes a oportunidade para praticar as competências de que necessitarão quando regressarem aos seus ministérios. Damos-lhes um 'lugar seguro' onde praticar, cometer erros e ganhar confiança."

 Prática
Mova os braços para cima e para baixo como que esteja a levantar pesos.

–LC 22,31-32–
E O SENHOR DISSE: "SIMÃO, SIMÃO, OLHA QUE SATANÁS PEDIU PARA VOS JOEIRAR COMO TRIGO. MAS EU ROGUEI POR TI, PARA QUE A TUA FÉ NÃO DESAPAREÇA. E TU, UMA VEZ CONVERTIDO, FORTALECE OS TEUS IRMÃOS."

ORAÇÃO

"Jesus já sabia que Pedro iria cometer erros e deparar-se com a tentação de desistir. Jesus também sabia que a oração é a chave do poder e da perseverança na nossa caminhada com Deus. Rezar por aqueles que estamos a liderar é o apoio mais importante que lhes podemos dar."

 Oração
Coloque as mãos na posição tradicional de oração junto à face.

Versículo de Memorização

–LC 6,40–
"NÃO ESTÁ O DISCÍPULO ACIMA DO MESTRE, MAS O DISCÍPULO BEM FORMADO SERÁ COMO O MESTRE."

- Todas as pessoas levantam-se e dizem o versículo de memorização dez vezes em conjunto. Nas primeiras seis vezes, podem usar a Bíblia ou apontamentos. Nas últimas quatro vezes, dizem o versículo de cor. Todos devem dizer sempre a referência do versículo antes de o citar. Peça aos líderes para se sentar quando acabarem.
- Seguir esta rotina ajudará os formadores a saber que equipas terminaram a lição na secção "Prática".

PRÁTICA

- Divida os líderes em grupos de quatro.
- Conduza os líderes pelo processo de formação passo a passo, dando-lhes 7-8 minutos para discutir cada uma das secções seguintes.

REVISÃO

"Quais são as cinco partes da estratégia de Jesus para alcançar o mundo?"

- Desenhe o diagrama num quadro branco à medida que os líderes respondem.

PROGRESSO

"Que parte da estratégia de Jesus para alcançar o mundo é mais fácil de realizar para o vosso grupo?"

PROBLEMAS

"Partilhem problemas que o vosso grupo tenha enfrentado ao seguir a estratégia de Jesus para alcançar o mundo. Que parte da estratégia de Jesus é mais difícil de realizar para o vosso grupo?"

PLANOS

"Falem de uma tarefa que encaminharão o vosso grupo a fazer nos próximos 30 dias que os ajudará a seguir a estratégia de Jesus para alcançar o mundo de forma mais eficaz."

- Todas as pessoas devem registar os planos dos seus parceiros para poderem rezar por eles mais tarde.

PRÁTICA

"Mencionem uma competência que treinarão vocês mesmos nos próximos 30 dias para vos ajudar a melhorar como líderes no vosso grupo."

- Todas as pessoas registam o item prático dos seus parceiros para poderem rezar por eles mais tarde.
- Depois de cada pessoa ter falado sobre a competência que treinará, os membros do grupo levantam-se e dizem o versículo de memorização dez vezes em conjunto.

ORAÇÃO

"No vosso grupo pequeno, passem algum tempo a rezar pelos planos uns dos outros e pela competência que praticarão nos próximos 30 dias para melhorar como líderes."

FINAL

Árvore da Formação

"A 'Árvore da Formação' é uma ferramenta útil para organizar e rezar pelas pessoas que estamos a formar como líderes."

- Num quadro branco, desenhe o tronco de uma árvore, as raízes da árvore e uma linha que mostre o nível da relva.

"Começo a desenhar a minha árvore da formação desta forma. Desenhe um tronco, depois algumas raízes e, por último, a relva. A Bíblia diz que estamos enraizados em Cristo, por isso escreverei o Seu nome aqui. Como este desenho é a minha árvore da formação, escrevo o meu nome no tronco."

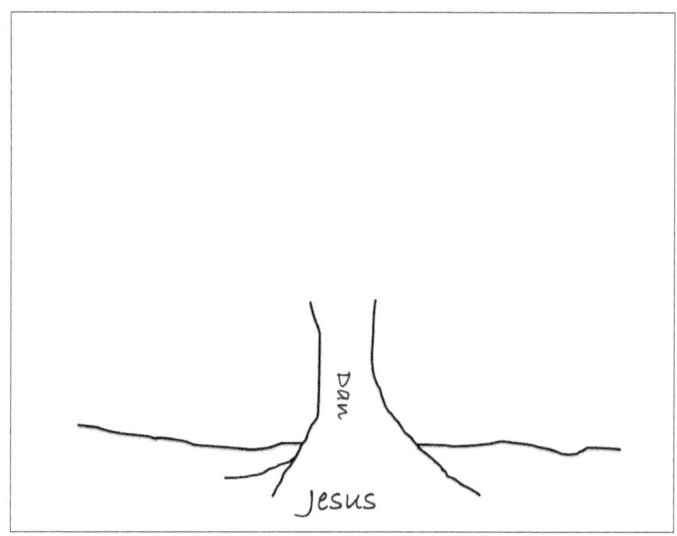

- Identifique a área por baixo das raízes como "Jesus" e escreva o seu nome no tronco da árvore.

  "Jesus investiu a maior parte da sua formação de liderança em três pessoas: Pedro, Tiago e João. Quero imitá-lo, por isso farei o mesmo. Deus deu-me três líderes em quem investir a maior parte da minha formação."

- Desenhe três linhas para cima e para fora a partir do tronco da árvore. No topo de cada linha, coloque o nome dos três líderes principais que está a formar.

  "Jesus formou três líderes e mostrou-lhes como formar outros. Se cada um deles formar outros três (como Jesus), temos um total

de doze. Hmmm. Jesus tinha doze discípulos. Não acham isto interessante?

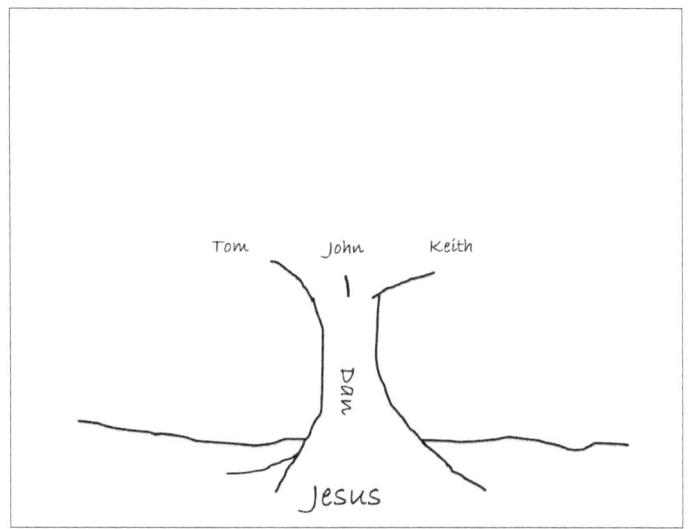

- Desenhe três linhas para cima e para fora a partir de cada um dos três líderes principais que está a formar. Identifique o topo de cada linha com o nome de uma pessoa que os seus líderes principais estão a formar. Partilhe quaisquer histórias que o Espírito Santo lhe traga à memória sobre a sua árvore da formação. Desenhe folhas à volta dos ramos para completar a sua árvore.

"Agora, gostaria que desenhassem a vossa 'Árvore da Formação'. Podem ter de escrever alguns dos nomes 'em fé', mas façam o possível para ter doze pessoas na árvore da formação. Os três primeiros ramos são os líderes principais que formarão. Cada um destes líderes tem três ramos que contêm os líderes que eles passam a maior parte do tempo a formar."

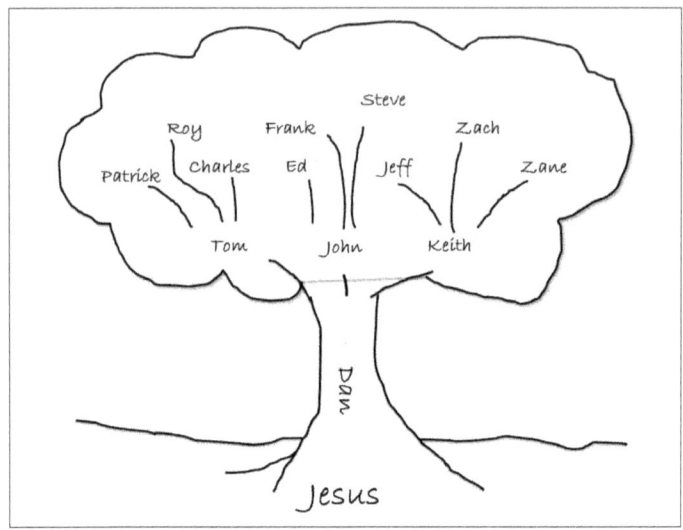

- Enquanto os líderes estão a desenhar as suas "Árvores da Formação", partilhe com eles o seguinte:

"Perguntam-me muitas vezes: 'Como devo formar líderes?' Jesus disse para pedirmos e ser-nos-á dado. Já lhe pediram o que necessitam? Esta formação dar-vos-á as ferramentas de que necessitam para formar líderes.

Outros dizem: 'Não conheço ninguém que possa formar como líder'. Jesus disse para procurarmos e encontraremos. Têm procurado pessoas para formar ou estão à espera de que venham ter convosco? Ele disse 'procurar' e não 'esperar'.

E outros perguntam: "Onde devo começar a formar líderes?" Jesus disse para batermos à porta e esta abrir-se-nos-á. Têm batido? Deus abençoar-nos-á com orientação quando dermos o primeiro passo de fé.

Na maioria das vezes, não temos uma "Árvore da Formação" porque não pedimos, batemos ou procuramos uma. Quando obedecemos às ordens de Jesus, com um coração de amor, Deus dar-nos-á mais oportunidades de formação do que podemos imaginar.

Esta ferramenta ajudá-lo-á a orientar outros líderes nas secções progresso, problema, plano, prática e oração.

- Peça a um líder do grupo para fechar a sessão em oração.

"Rezem pelos líderes das nossas árvores da formação e os planos que fizemos nos nossos grupos pequenos. Rezem pelos itens que iremos praticar para melhorar como líderes durante o próximo mês."

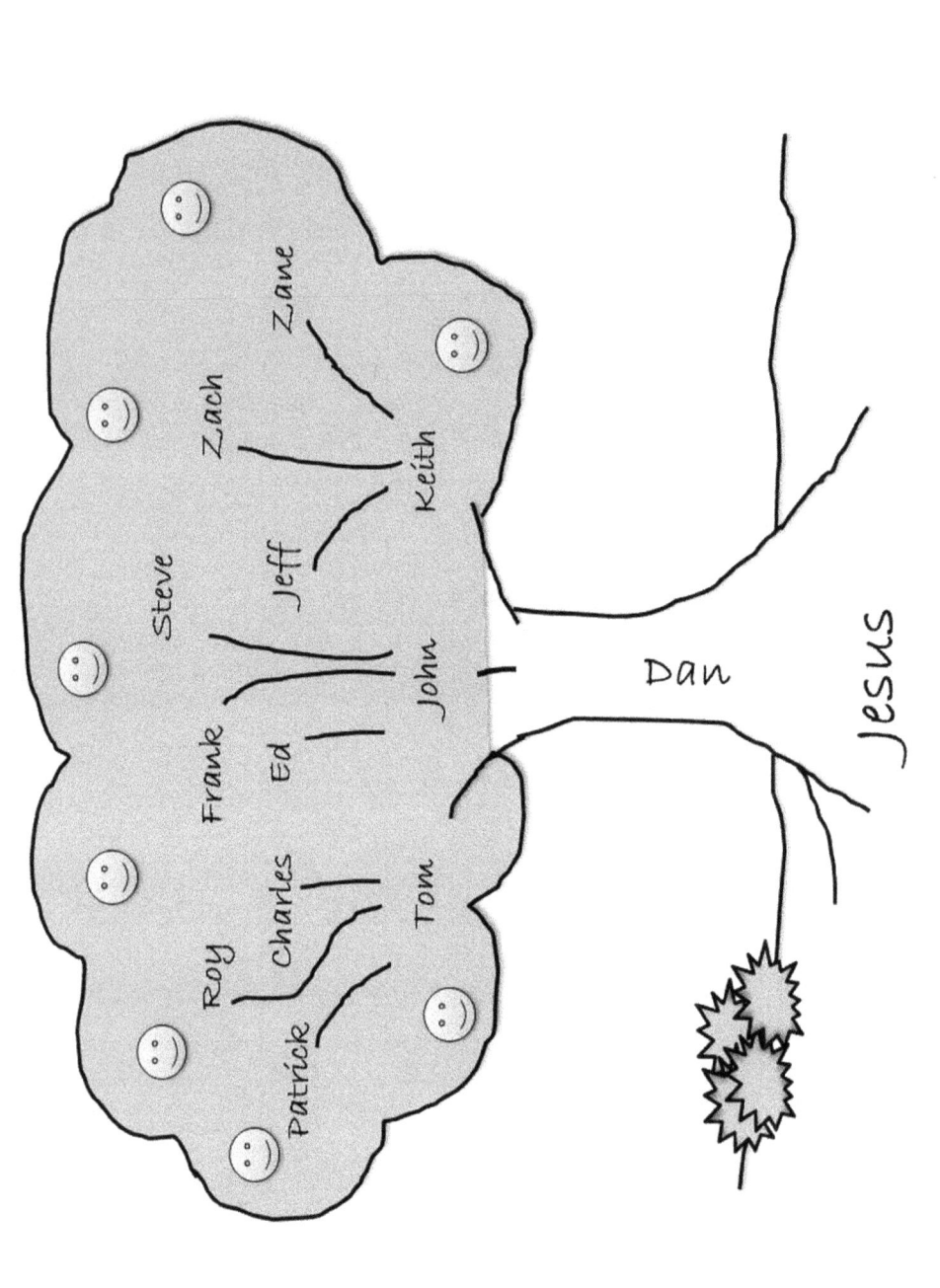

3

Liderar Como Jesus

Jesus Cristo é o maior líder de todos os tempos. Nenhuma outra pessoa influenciou mais pessoas, com mais frequência, do que Ele. A lição 3 apresenta as sete qualidades de um grande líder, com base no estilo de liderança de Jesus. Em seguida, os líderes reflectem sobre os pontos fortes e fracos das suas próprias experiências de liderança. Um jogo de desenvolvimento de equipas termina a sessão, ensinando a força da "liderança partilhada".

Tudo sobe e desce com base no coração do líder, por isso olhamos para como Jesus liderou os discípulos, para O podermos imitar. Jesus amou-os até ao fim, compreendeu a Sua missão, conhecia os problemas do grupo, deu aos Seus seguidores um exemplo a seguir, confrontava com bondade e sabia que Deus estava a abençoar a Sua obediência. Tudo flui do nosso coração. Por conseguinte, a atitude do nosso coração é onde temos de começar como líderes.

Louvor

- Cantem dois cânticos de adoração em conjunto. Peça a um líder para rezar por esta sessão.

Progresso

- Peça a outro líder na formação para partilhar um pequeno testemunho (três minutos) de como Deus está a abençoar o seu grupo. Depois de o líder partilhar o testemunho, peça ao grupo para rezar por ele.
- Em alternativa, exemplifique um tempo de orientação com um líder usando o processo de formação "Progresso, Problema, Plano, Prática, Oração".

Problema

"O mundo está cheio de líderes com estilos de liderança diferentes. Como um seguidor de Jesus, como deve ser o meu estilo de liderança?"

Plano

"Jesus é o maior líder de todos os tempos. Nenhuma outra pessoa influenciou mais pessoas, com mais frequência, do que Ele. Nesta lição, olharemos para a forma como Jesus liderou os outros, para O podermos imitar."

Revisão

Boas-vindas
    Quem Constrói a Igreja?
    Porque é que Isso é Importante?
    Como é Que Jesus Constrói a Sua Igreja?
        Ser Forte em Deus
        Partilhar o Evangelho
        Fazer Discípulos
        Começar Grupos e Igrejas
        Desenvolver Líderes

> –1Cor 11,1–Sede meus imitadores, como eu o sou de Cristo.

Formar Como Jesus
    Como é Que Jesus Formou Líderes?
        Progresso
        Problemas
        Planos
        Prática
        Oração

> –Lc 6,40–Não está o discípulo acima do mestre, mas o discípulo bem formado será como o mestre.

Quem é o Maior Líder Segundo Jesus?

–MT 20,25-28–
JESUS CHAMOU-OS E DISSE-LHES: "SABEIS QUE OS CHEFES DAS NAÇÕES AS GOVERNAM COMO SEUS SENHORES, E QUE OS GRANDES EXERCEM SOBRE ELAS O SEU PODER. NÃO SEJA ASSIM ENTRE VÓS. PELO CONTRÁRIO, QUEM ENTRE VÓS QUISER FAZER-SE GRANDE, SEJA O VOSSO SERVO; E

QUEM NO MEIO DE VÓS QUISER SER O PRIMEIRO, SEJA VOSSO SERVO. TAMBÉM O FILHO DO HOMEM NÃO VEIO PARA SER SERVIDO, MAS PARA SERVIR E DAR A SUA VIDA PARA RESGATAR A MULTIDÃO."

"O maior líder é o maior servo."

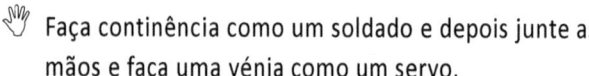 Faça continência como um soldado e depois junte as mãos e faça uma vénia como um servo.

Quais São Sete Qualidades de um Grande Líder?

—JO 13,1-17—
¹ANTES DA FESTA DA PÁSCOA, JESUS, SABENDO BEM QUE TINHA CHEGADO A SUA HORA DA PASSAGEM DESTE MUNDO PARA O PAI, ELE, QUE AMARA OS SEUS QUE ESTAVAM NO MUNDO, LEVOU O SEU AMOR POR ELES ATÉ AO EXTREMO.
²O DIABO JÁ TINHA METIDO NO CORAÇÃO DE JUDAS, FILHO DE SIMÃO ISCARIOTES, A DECISÃO DE O ENTREGAR.
³ENQUANTO CELEBRAVAM A CEIA, JESUS, SABENDO PERFEITAMENTE QUE O PAI TUDO LHE PUSERA NAS MÃOS, E QUE SAÍRA DE DEUS E PARA DEUS VOLTAVA,
⁴LEVANTOU-SE DA MESA, TIROU O MANTO, TOMOU UMA TOALHA E ATOU-A À CINTURA.
⁵DEPOIS DEITOU ÁGUA NA BACIA E COMEÇOU A LAVAR OS PÉS AOS DISCÍPULOS E A ENXUGÁ-LOS COM A TOALHA QUE ATARA À CINTURA.
⁶CHEGOU, POIS, A SIMÃO PEDRO. ESTE DISSE-LHE: "SENHOR, TU É QUE ME LAVAS OS PÉS?"
⁷JESUS RESPONDEU-LHE: "O QUE EU ESTOU A FAZER TU NÃO O ENTENDES POR AGORA, MAS HÁS-DE COMPREENDÊ-LO DEPOIS."

⁸Disse-lhe Pedro: "Não! Tu nunca me hás-de lavar os pés!" Replicou-lhe Jesus: "Se Eu não te lavar, nada terás a haver comigo."

⁹Disse-lhe, então, Simão Pedro: "Ó Senhor! Não só os pés, mas também as mãos e a cabeça!"

¹⁰Respondeu-lhe Jesus: "Quem tomou banho não precisa de lavar senão os pés, pois está todo limpo. E vós estais limpos, mas não todos."

¹¹Ele bem sabia quem o ia entregar; por isso é que lhe disse: 'Nem todos estais limpos'.

¹²Depois de lhes ter lavado os pés e de ter posto o manto, voltou a sentar-se à mesa e disse-lhes:

¹³"Compreendeis o que vos fiz? Vós chamais-me 'O Mestre' e 'O Senhor', e dizeis bem, porque o sou.

¹⁴Ora, se Eu, o Senhor e o Mestre, vos lavei os pés, também vós deveis lavar os pés uns aos outros.

¹⁵Na verdade, dei-vos exemplo para que, assim como Eu fiz, vós façais também.

¹⁶Em verdade, em verdade vos digo, não é o servo mais do que o seu Senhor, nem o enviado mais do que aquele que o envia.

¹⁷Uma vez que sabeis isto, sereis felizes se o puserdes em prática.

1. OS GRANDES LÍDERES AMAM AS PESSOAS

"No versículo 1, Jesus e os discípulos estavam a partilhar a última ceia antes de Jesus ser crucificado. A Bíblia diz que Jesus os amou até ao fim e mostrou-lhes o quanto os amava nesta ceia.

Como líderes, as pessoas podem ser difíceis de amar quando cometem erros, mas Jesus amou as pessoas que liderou até ao fim.

Como líderes, as pessoas podem ser difíceis de amar quando nos criticam, mas Jesus amou as pessoas que liderou até ao fim.

Como líderes, as pessoas podem ser difíceis de amar quando nos desapontam, mas Jesus amou as pessoas que liderou até ao fim."

🖐 Amar as Pessoas
  Bata no peito com a mão.

2. OS GRANDES LÍDERES CONHECEM A SUA MISSÃO

"No versículo 3, a Bíblia diz que Jesus sabia de onde saíra, para onde voltaria e que Deus Lhe pusera tudo nas mãos."

Jesus sabia que tinha vindo à Terra com um propósito.

Jesus sabia que tinha vindo à Terra para morrer na cruz pelos nossos pecados.

Jesus sabia que tinha vindo à Terra para derrotar Satanás e devolver-nos a Deus.

Deus dá a cada pessoa uma missão única a cumprir durante a vida na Terra. Os grandes líderes sabem qual é a sua missão e inspiram os outros a segui-los."

🖐 Saber a Sua Missão
  Faça continência como um solado e acene que "sim" com a cabeça

3. OS GRANDES LÍDERES SERVEM OS SEUS SEGUIDORES

"No versículo 4, Jesus levantou-se da mesa e tirou o manto. Depois, atou uma toalha à cintura e começou a lavar os pés aos discípulos.

Os líderes do mundo esperam que os seus seguidores os sirvam. Pelo contrário, líderes como Jesus servem os seus seguidores.

Os líderes do mundo exercem controlo e poder sobre quem lideram. Pelo contrário, líderes como Jesus fortalecem aqueles que os seguem.

Os líderes do mundo concentram-se em si mesmos e não nas pessoas que lideram. Pelo contrário, líderes como Jesus concentram-se nas necessidades dos seus seguidores, sabendo que Deus satisfará as suas necessidades enquanto eles cuidam dos outros. Deus abençoa-nos para que possamos abençoar os outros."

Servir os Seus Seguidores
Faça uma vénia com as duas mãos na posição tradicional de oração.

4. OS GRANDES LÍDERES CORRIGEM COM BONDADE

"Nos versículos de 6 a 9, Pedro cometeu vários erros, mas Jesus corrigiu-o sempre com bondade.

Pedro disse a Jesus para não lhe lavar os pés. Jesus disse que era necessário para a sua amizade. Jesus corrigiu-o com bondade.

Em seguida, Pedro disse a Jesus para lhe lavar o corpo todo. Jesus disse-lhe que ele já estava limpo, corrigindo-o novamente com bondade.

Os líderes do mundo criticam, culpam e derrubam as pessoas. Líderes como Jesus corrigem com bondade, encorajam os seus seguidores e levantam as pessoas."

> 🖐 Corrigir Com Bondade
> Faça o símbolo do coração com os dedos indicadores e polegares das duas mãos.

5. OS GRANDES LÍDERES CONHECEM OS PROBLEMAS ACTUAIS DO GRUPO

"Nos versículos 10 e 11, a Bíblia diz-nos que Jesus sabia que Judas era um problema no grupo e O iria trair.

Compreender onde existem os problemas de um grupo e enfrentá-los é uma parte importante da liderança. Muitos líderes tentam esconder-se dos problemas do seu grupo, mas isso só torna os problemas maiores.

Vejam como Jesus mostrou contenção no seu relacionamento com Judas, sabendo que é Deus que retribui os actos malignos, e não os próprios líderes."

> 🖐 Problemas do Grupo
> Ponha as mãos dos lados da cabeça como que tenha dores.

6. OS GRANDES LÍDERES DÃO UM BOM EXEMPLO A SEGUIR

"Nos versículos de 12 a 16, Jesus explicou porque é que tinha lavado os pés aos discípulos. Ele era o líder deles, mas lavou-lhes os pés, a tarefa de um servo. Jesus mostrou aos discípulos que a liderança inclui servirmo-nos uns aos outros.

Os seguidores reflectem e imitam os seus líderes. Se estivermos a seguir Jesus, aqueles que nos seguem enquanto líderes também estão a seguir Jesus."

🖐 Dar um Bom Exemplo
   Aponte para o Céu e acene que "sim" com a cabeça.

7. OS GRANDES LÍDERES SABEM QUE SÃO ABENÇOADOS

"No versículo 17, Jesus disse aos discípulos que Deus os abençoaria enquanto liderassem os outros servindo-os.

Liderar os outros às vezes é difícil, mas aqueles que seguem Jesus sabem que são abençoados.

Liderar os outros às vezes é solitário, mas Jesus abençoa aqueles que lideram com a Sua presença.

Os seguidores nem sempre apreciam os seus líderes, mas Jesus promete o apoio de Deus quando seguimos o Seu exemplo de liderança servindo os outros."

🖐 Saber que São Abençoados
   Levante as mãos em louvor ao Céu.

Versículo de Memorização

–JO 13,14-15–
ORA, SE EU, O SENHOR E O MESTRE, VOS LAVEI OS PÉS, TAMBÉM VÓS DEVEIS LAVAR OS PÉS UNS AOS OUTROS. NA VERDADE, DEI-VOS EXEMPLO PARA QUE, ASSIM COMO EU FIZ, VÓS FAÇAIS TAMBÉM.

- Todas as pessoas levantam-se e dizem o versículo de memorização dez vezes em conjunto. Nas primeiras seis vezes, podem usar a Bíblia ou apontamentos. Nas últimas quatro vezes, dizem o versículo de cor. Diga sempre a referência do versículo antes de o citar e sente-se quando acabar.
- Seguir esta rotina ajudará os formadores a saber que equipas terminaram a lição na secção "Prática".

Prática

- Divida os líderes em grupos de quatro.

"Agora, vamos usar o mesmo processo de formação usado por Jesus para praticar o que aprendemos nesta lição de liderança."

- Conduza os líderes pelo processo de formação passo a passo, dando-lhes 7-8 minutos para discutir cada uma das secções seguintes.

PROGRESSO

"Partilhem com o vosso grupo qual das sete qualidades de um grande líder é mais fácil para vocês."

PROBLEMAS

"Partilhem com o vosso grupo qual das sete qualidades de um grande líder é mais desafiante para vocês."

PLANOS

"Partilhem uma tarefa que encaminharão o vosso grupo a fazer nos próximos 30 dias que os ajudará a seguir o exemplo de liderança de Jesus."

- Todas as pessoas devem registar os planos dos seus parceiros para poderem rezar por eles mais tarde.

PRÁTICA

"Mencionem uma competência que treinarão vocês mesmos nos próximos 30 dias para vos ajudar a melhorar como líderes no vosso grupo."

- Todas as pessoas registam o item prático dos seus parceiros para poderem rezar por eles mais tarde.
- Depois de cada pessoa ter falado sobre a competência que treinará, os membros do grupo levantam-se e dizem o versículo de memorização dez vezes em conjunto.

ORAÇÃO

"Passem algum tempo a rezar pelos planos uns dos outros e pela competência que praticarão nos próximos 30 dias para melhorar como líderes."

Final

Chinlone

- Peça seis voluntários para mostrarem as suas habilidades de Chinlone★ ao grupo. Ajude os seis a formar um círculo de jogo no meio da sala.

    "Consegui que uma equipa de Chinlone famosa viesse mostrar os seus dotes. Batamos palmas para mostrar a nossa apreciação pela sua vinda."

- Disponha os jogadores com uma pessoa na frente do grupo como "líder". Peça aos outros para formarem duas filas de frente para o líder.

    "Primeiro, a nossa equipa de Chinlone famosa vai mostrar-vos como jogar Chinlone da forma 'grega'. Ouçam as regras que seguirão. Todas as pessoas têm de pontapear a bola de Chinlone para o líder. Depois de o líder receber a bola, este pontapeará a bola para outro jogador. Penalizaremos os jogadores que passem a bola para outros jogadores, em vez de a pontapearem para o líder."

- Peça à equipa para exemplificar a forma "grega" de jogar Chinlone. Jogar Chinlone desta forma será maljeitoso e confuso para os jogadores. De forma humorística, agarre as pessoas que passem a bola para uma pessoa que não seja o líder. Grite: *"Penalty!"* Corrija o erro e mostre-lhes que só devem pontapear a bola para o líder.

    "O que é que aconteceu quando eles jogaram Chinlone desta forma?" (Jogar o jogo com estas regras foi difícil. Os jogadores pareciam aborrecidos. Não foi divertido.)

- Agora, peça aos jogadores para formarem um círculo de Chinlone normal, mas coloque o "líder" no meio.

    "Desta vez o grupo jogará da forma hebraica, mas com um líder que tenta controlar tudo. Usaremos as mesmas regras de antes – os jogadores têm de pontapear a bola para o líder, que depois a pontapeia para os outros."

- A equipa jogará melhor desta vez, mas o líder mostrará sinais de cansaço após alguns minutos de jogo. Assinale os *penalties* de forma humorística se os jogadores pontapearem a bola para alguém que não seja o líder.

    "O que é que aconteceu quando eles jogaram Chinlone desta forma?" (O líder trabalhou arduamente e ficou muito cansado. Os jogadores cometeram muitos erros. Foi aborrecido.)

- Peça aos jogadores para formarem um círculo de Chinlone tradicional, com todas as pessoas, incluindo o líder, no círculo. Diga-lhes que não têm de pontapear a bola sempre para o líder. Peça-lhes para jogarem da forma como fazem sempre.

    "Agora, a equipa de Chinlone famosa mostrar-nos-á como jogar Chinlone da verdadeira forma hebraica."

- Deixe-os jogar durante vários minutos até todas as pessoas do seminário estarem a gostar de os ver jogar e a fazer comentários sobre o jogo.

"O que é que aconteceu quando eles jogaram Chinlone desta forma? (Toda a equipa participou. Toda a equipa foi bem-sucedida. Fizeram algumas jogadas incríveis.)

A terceira forma de jogar Chinlone é um bom exemplo da liderança de serviço. O líder está a ajudar todas as pessoas do grupo a participar e a contribuir. O líder não controla tudo, mas dá aos outros a liberdade para exprimirem o seu estilo único. Este é o exemplo de liderança que Jesus nos deu para seguirmos."

- Peça a um líder do grupo para fechar a sessão em oração.

"Rezem por todos nós enquanto líderes para liderarmos como Jesus e pelos planos que fizemos nos nossos grupos pequenos. Rezem também pelas competências que treinaremos durante os próximos 30 dias para melhorar como líderes."

★Chinlone é o nome de um jogo jogado tipicamente por pessoas do sexo masculino em Mianmar. Os participantes formam um

círculo e passam uma bola de rattan uns para os outros usando apenas os pés. O objectivo do Chinlone é manter a bola sem cair ao chão tanto tempo quanto possível. Os jogadores muitas vezes aperfeiçoam pontapés e movimentos especiais para impressionar os outros. A altura e a precisão do passe originam mais aplausos dos espectadores e participantes.

As pessoas jogam Chinlone por toda a Ásia, mas cada país tem um nome diferente para o jogo. Fale com residentes locais para descobrir o nome do jogo na área onde está a formar.

Se estiver a formar líderes numa área que não tenha um jogo como o "Chinlone", pode substituir a bola por um pequeno saco de contas. Use um balão para transmitir a mesma mensagem de formação.

4

Crescer em Força

Os líderes que você forma estão a liderar grupos e a aprender o quão exigente pode ser liderar os outros. Os líderes enfrentam uma guerra espiritual significativa de fora do seu grupo e diferenças de personalidade dentro do grupo. Um ponto-chave da liderança eficaz é identificar diferentes tipos de personalidade e aprender a trabalhar eficientemente com eles como equipa. A lição "Crescer em Força" dá aos líderes uma forma simples de ajudar as pessoas a descobrir o seu tipo de personalidade. Quando percebemos como Deus nos fez, possuímos fortes indícios de como nos podemos fortalecer Nele.

Há oito tipos de personalidade: soldado, procurador, pastor, semeador, filho, santo, servo e investidor. Após ajudarem os líderes a descobrir o seu tipo, os formadores discutem pontos fortes e fracos de cada tipo. Muitas pessoas presumem que Deus ama o tipo de personalidade que é mais valorizado pelas suas culturas. Outros líderes acreditam que a capacidade de liderança depende da personalidade. Estas crenças restritivas simplesmente não são verdade. A sessão termina realçando que os líderes devem tratar as pessoas como indivíduos. A formação de liderança tem de responder às necessidades individuais e não ser uma abordagem "formato único".

LOUVOR

- Cantem dois cânticos de adoração em conjunto. Peça a um líder para rezar por esta sessão.

PROGRESSO

- Peça a outro líder na formação para partilhar um pequeno testemunho (três minutos) de como Deus está a abençoar o seu grupo. Depois de o líder partilhar o testemunho, peça ao grupo para rezar por ele.
- Em alternativa, exemplifique um tempo de orientação com um líder usando o processo de formação "Progresso, Problemas, Plano, Prática, Oração".

PROBLEMA

"Os líderes muitas vezes esperam, erroneamente, que os seus seguidores se comportem e reajam da mesma forma. Contudo, Deus criou pessoas com muitas personalidades diferentes. Um ponto-chave da liderança eficaz é reconhecer diferentes tipos de personalidade e aprender a trabalhar o mais eficazmente possível com eles, como equipa.

Jesus é um filho e quer que o amor e a unidade abundem na sua família. Compreender as diferentes personalidades ajudar-nos-á a amar mais os outros."

Plano

"Nesta lição, aprenderemos oito tipos de personalidade diferentes. Descobrirão que tipo de personalidade Deus vos deu e como ajudar os outros a reconhecer o seu próprio tipo de personalidade. Todos os crentes podem fortalecer-se no Senhor quando compreendem como Deus os fez."

Revisão

Boas-vindas
Quem Constrói a Igreja?
Porque é que Isso é Importante?
Como é Que Jesus Constrói a Sua Igreja?
  Ser Forte em Deus
  Partilhar o Evangelho
  Fazer Discípulos
  Começar Grupos e Igrejas
  Desenvolver Líderes

  –1Cor 11,1–Sede meus imitadores, como eu o sou de Cristo.

Formar Como Jesus
Como é Que Jesus Formou Líderes?
  Progresso
  Problemas
  Planos
  Prática
  Oração

  –Lc 6,40–Não está o discípulo acima do mestre, mas o discípulo bem formado será como o mestre.

Liderar Como Jesus
Quem é o Maior Líder Segundo Jesus?
Quais São Sete Qualidades de um Grande Líder?
1. Os Grandes Líderes Amam As Pessoas
2. Os Grandes Líderes Conhecem a Sua Missão
3. Os Grandes Líderes Servem Os Seus Seguidores
4. Os Grandes Líderes Corrigem Com Bondade
5. Os Grandes Líderes Conhecem Os Problemas Actuais Do Grupo
6. Os Grandes Líderes Dão Um Bom Exemplo A Seguir
7. Os Grandes Líderes Sabem Que São Abençoados

—Jo 13,14-15—Ora, se Eu, o Senhor e o Mestre, vos lavei os pés, também vós deveis lavar os pés uns aos outros. Na verdade, dei-vos exemplo para que, assim como Eu fiz, vós façais também.

Que Personalidade é Que Deus Lhe Deu?

- Peça aos líderes para desenhar um grande círculo numa folha de papel limpa dos seus cadernos de apontamentos.

"O círculo que estou a desenhar representa todas as pessoas do mundo."

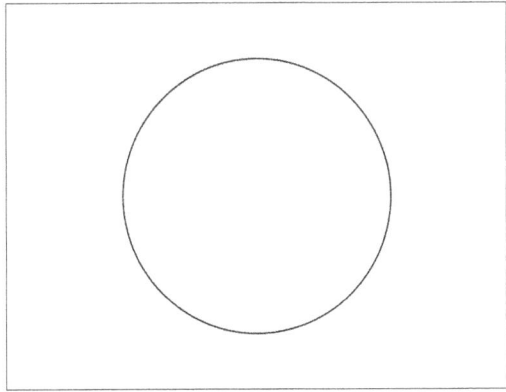

- Peça aos líderes para desenhar uma linha horizontal que divida o círculo ao meio. Identifique o lado direito do círculo como "relações" e o lado esquerdo como "tarefas".

"Todas as pessoas pertencem a um de dois grupos: pessoas que são mais focadas em 'tarefas' e pessoas que são mais focadas em 'relações'. Deus criou os dois tipos de pessoas, por isso nenhum é melhor ou pior; isto é apenas a forma como Deus fez as pessoas. Escolha um ponto na linha que ache que representa melhor o tipo de pessoa que é."

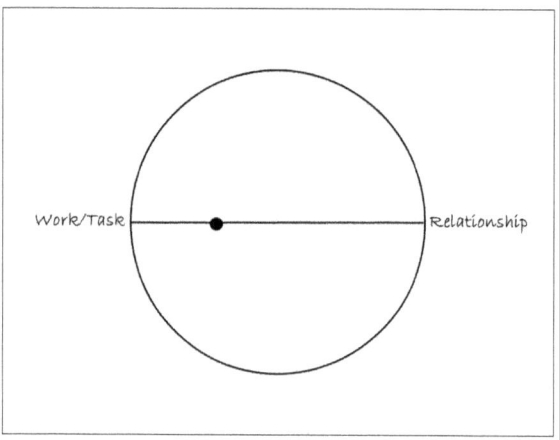

(Uma pessoa mais centrada em tarefas colocará o ponto na linha mais perto do lado esquerdo. Uma pessoa mais centrada em relações colocará o ponto na linha mais perto do lado direito. Se a pessoa for metade relações, metade tarefas, diga-lhe para colocar o ponto perto do meio da linha, mas para escolher um dos lados.)

"Partilhem os vossos resultados com uma pessoa ao vosso lado e vejam se concorda com o ponto que escolheram. Demorem cerca de cinco minutos a fazer isto."

- Peça aos líderes para desenhar uma linha vertical que corte o círculo em quatro partes iguais. Identifiquem o topo do círculo como "extrovertido" e o fundo do círculo como "introvertido".

"Todas as pessoas do mundo também pertencem a outros dois grupos: aquelas que são mais orientadas para o 'exterior' (extrovertidas) e aquelas que são mais orientadas para o 'interior' (introvertidas). Nenhuma orientação é melhor ou pior do que a outra. Isto é só a forma como Deus faz as pessoas.

Escolham o lugar na linha vertical que represente melhor a vossa preferência."

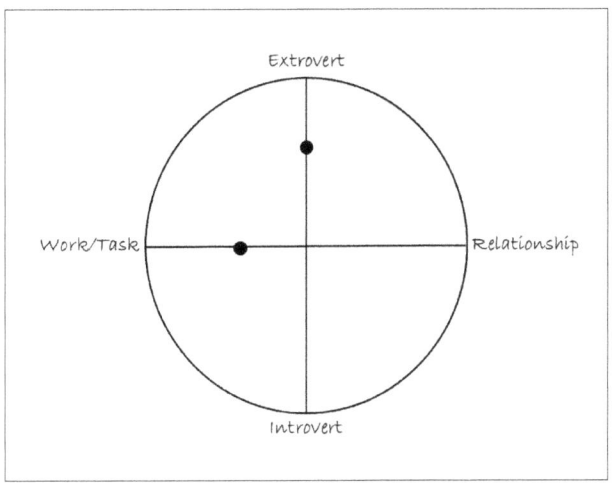

(Uma pessoa extrovertida colocará o ponto mais perto do topo do círculo. Uma pessoa introvertida colocará o ponto mais perto do fundo do círculo. Se a pessoa for metade extrovertida, metade introvertida, diga-lhe para colocar o ponto perto do meio da linha, mas para escolher um dos lados.)

"Partilhem os vossos resultados com uma pessoa ao vosso lado e vejam se concorda com o ponto que escolheram. Demorem cerca de três minutos a fazer isto."

- Peça aos líderes para desenhar duas linhas diagonais (um "X"), que agora darão ao círculo oito partes iguais.
- Os líderes depois desenham uma caixa a tracejado para determinar em que fatia se encontra a sua personalidade.
- A ilustração em baixo mostra o diagrama completo de uma pessoa com a personalidade de procurador.

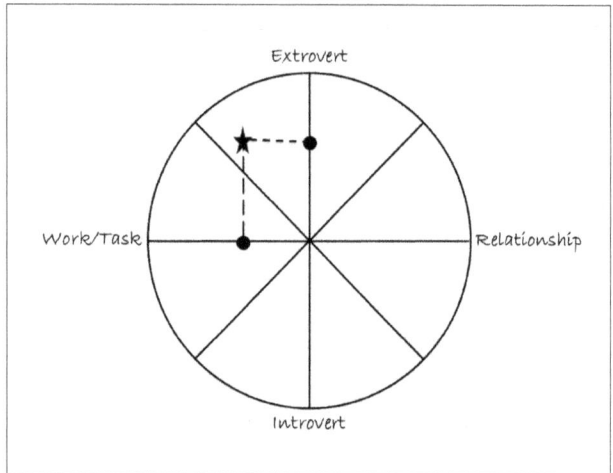

- Começando na fatia das 9h-10h30, ande no sentido dos ponteiros do relógio e explique os oito tipos de personalidade seguintes:
- Escreva o nome do tipo de personalidade no espaço em branco enquanto explica as suas qualidades positivas e negativas.

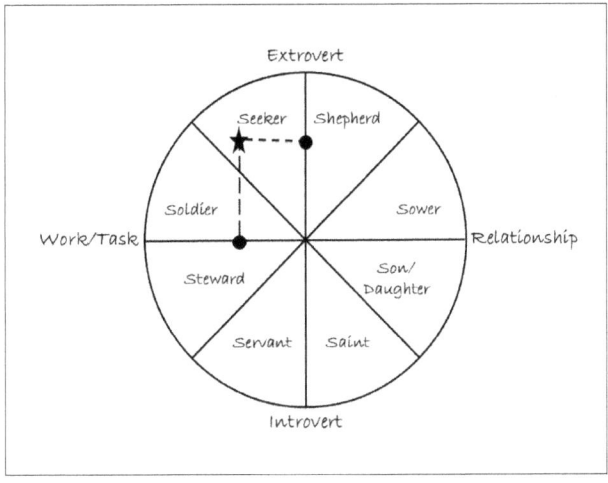

SOLDADO

- Domínio das tarefas, ligeiramente mais extrovertido do que introvertido.
- Positivo: Vê o que é necessário para a vitória, determinado e honrado, atitude de "tudo o que for preciso".
- Negativo: Pode ser dominador e insensível, pode ganhar a batalha mas perder a guerra.

PROCURADOR

- Domínio do exterior, ligeiramente mais focado em tarefas do que em relações.
- Positivo: Vê novas oportunidades, interage bem, é um empreendedor.
- Negativo: Pode procurar o prazer, pode não ser capaz de se concentrar numa tarefa, pode pensar que o novo é sempre melhor.

PASTOR

- Domínio do exterior, ligeiramente mais focado em relações do que em tarefas.
- Positivo: Vê as necessidades espirituais das pessoas, gosta de liderar grupos e sobressai no encorajamento das pessoas nas suas lutas emocionais.
- Negativo: Pode ser mandão, pode começar facções, pode ter dificuldade em cooperar com a liderança existente.

SEMEADOR

- Domínio das relações, ligeiramente mais extrovertido do que introvertido.
- Positivo: Vê o potencial das pessoas, instrui, está constantemente a aperfeiçoar-se.
- Negativo: Pode semear conflito, luta contra o desencorajamento, fala demasiado dos seus assuntos preferidos.

FILHO

- Domínio das relações, ligeiramente mais introvertido do que extrovertido.
- Positivo: Vê o que é preciso para que os outros se sintam "parte da família", mantém a paz e realça a importância do indivíduo.
- Negativo: Pode acreditar que a sua família é "melhor", pode ser ciumento e inseguro.

SANTO

- Domínio do interior, ligeiramente mais focado em relações do que em tarefas.
- Positivo: Vê formas de as pessoas se poderem relacionar com Deus, mantém as tradições, é a voz moral da comunidade.
- Negativo: Pode parecer "mais papista que o Papa", tem dificuldade em aceitar os outros, por vezes é legalista.

SERVO

- Domínio do interior, ligeiramente mais focado em tarefas do que em relações.
- Positivo: Vê como satisfazer as necessidades físicas das pessoas, leal, trabalha melhor nos bastidores.
- Negativo: Serve os outros mas pode não cuidar da sua própria família, aceita a mudança lentamente, tem dificuldade em ver o panorama geral.

INVESTIDOR

- Domínio das tarefas, ligeiramente mais introvertido do que extrovertido.
- Positivo: Vê a melhor forma de organizar os recursos, é sensato e prático.
- Negativo: Pode atolar-se em burocracia, não ter empatia ou colocar as necessidades da organização acima das necessidades reais das pessoas.

"Mostre ao seu parceiro com qual dos oito tipos de personalidade se identifica e dê exemplos."

Qual é o Tipo de Personalidade Que Deus Mais Ama?

- Deixe os líderes debater este tópico. As suas respostas dar-lhe-ão uma percepção aguda sobre a sua cultura. Cada cultura tende a valorizar uma ou duas das imagens de Cristo mais do que as outras.

    "Deus fez todos os tipos de personalidade e depois de terminar viu que eram bons. Todos são os seus preferidos."

Qual é o Tipo de Personalidade Que Faz o Melhor Líder?

- *Peça aos líderes para discutir esta questão. Habitualmente, duas ou três imagens de Cristo destacam-se como favoritas. Os líderes argumentarão que estes dois ou três tipos de personalidade são os melhores para um líder. Descobrimos que as respostas variam de forma significativa entre as culturas ocidental e oriental. Depois de o grupo expressar os seus pensamentos, partilhe a mensagem seguinte com eles.*

    "Muitas pessoas ficam surpreendidas ao descobrir que se pode ser um líder excepcional com qualquer um dos oito tipos de personalidade. A liderança não depende da personalidade. Eu poderia levar-vos a oito mega-igrejas nos Estados Unidos que são frequentadas por mais de 5000 pessoas todas as semanas. A maior parte das pessoas diria que estas igrejas são lideradas por grandes líderes. Se falassem com os diferentes pastores, descobririam que cada um tem uma personalidade diferente. Cada um lidera com uma imagem diferente de Cristo. Não é a personalidade que faz um bom líder. Um bom líder é uma pessoa que consegue liderar toda a equipa para trabalhar em conjunto e ser bem-sucedida. Jesus é o maior líder de todos os tempos. Sigam-No e também se tornarão grandes líderes."

Versículo de Memorização

> –RM 12,4-5–
> É QUE, COMO NUM SÓ CORPO, TEMOS MUITOS MEMBROS, MAS OS MEMBROS NÃO TÊM TODOS A MESMA FUNÇÃO, ASSIM ACONTECE CONNOSCO: OS MUITOS QUE SOMOS FORMAMOS UM SÓ CORPO EM CRISTO, MAS, INDIVIDUALMENTE, SOMOS MEMBROS QUE PERTENCEM UNS AOS OUTROS.

- Todas as pessoas levantam-se e dizem o versículo de memorização dez vezes em conjunto. Nas primeiras seis vezes, podem usar a Bíblia ou apontamentos. Nas últimas quatro vezes, dizem o versículo de cor. Diga sempre a referência do versículo antes de o citar e sente-se quando acabar.
- Seguir esta rotina ajudará os formadores a saber que equipas terminaram a lição na secção "Prática".

PRÁTICA

- Divida os líderes em grupos de quatro. Peça-lhes para usar o processo de formação com a lição de liderança.
- Conduza os líderes pelo processo de formação passo a passo, dando-lhes 7-8 minutos para discutir cada uma das secções seguintes.

PROGRESSO

"Partilhem com qual dos oito tipos de personalidade se assemelham mais e dêem exemplos."

PROBLEMAS

"Partilhem com qual dos oito tipos de personalidade se assemelham menos e dêem exemplos."

PLANOS

"Mencionem um plano simples para descobrir os diferentes tipos de personalidade do vosso grupo no próximo mês."

- Todas as pessoas registam os planos uns dos outros para mais tarde poderem rezar pelos seus parceiros.

PRÁTICA

"Partilhem uma tarefa irão fazer nos próximos 30 dias para vos ajudar a melhorar como líderes nesta área."

- Todas as pessoas registam o item prático dos seus parceiros para poderem rezar por eles mais tarde.
- Os líderes levantam-se e dizem o versículo de memorização dez vezes em conjunto depois de todos terem partilhado a competência que irão praticar.

ORAÇÃO

"Passem algum tempo a rezar pelos planos uns dos outros e pela competência que praticarão nos próximos 30 dias para melhorar como líderes."

Final

O Cheeseburger Americano ✑

Peça aos líderes para fingir que estão num restaurante. Diga-lhes para formar grupos de três ou quatro pessoas e explique que os grupos são "mesas" onde estão a comer. Informe-os de que é o empregado de mesa e irá anotar o seu pedido.

- Pendure uma toalha no braço, dirija-se à primeira mesa e pergunte-lhes o que gostariam de comer. Independentemente do que peçam, diga-lhes: "Desculpe, mas isso está esgotado neste momento, em vez disso vou trazer-lhe um *Cheeseburger* Americano."
- Após passar por várias mesas, a maioria das pessoas pedirá *Cheeseburgers* Americanos porque se apercebeu de que é a única coisa que há.

"Esta encenação ilustra um erro de liderança comum. Os líderes esperam que todas as pessoas se comportem da mesma forma e sejam iguais, mas Deus fez todas as pessoas diferentes. Os bons líderes aprendem a trabalhar com pessoas com personalidades diferentes. Ensinam as pessoas a cooperar e a respeitar as diferenças."

- Peça a um dos líderes para rezar uma oração de acção de graças pelas diferentes formas como Deus fez as pessoas.

5

Mais Fortes Juntos

Os líderes descobriram o seu tipo de personalidade na última lição. "Mais Fortes Juntos" mostra aos líderes como o seu tipo de personalidade interage com os outros. Porque é que as pessoas têm oito tipos de personalidade diferentes no mundo? Algumas pessoas dizem que a arca de Noé tinha oito pessoas, enquanto outras dizem que Deus fez um tipo de personalidade para cada ponto cardeal – norte, nordeste, este, etc. Podemos explicar a razão de forma simples. O mundo tem oito tipos de personalidade diferentes porque Deus criou as pessoas à Sua imagem. Se quiser ver como Deus é, a Bíblia diz para olhar para Jesus. Os oito tipos de personalidade essenciais do mundo espelham as oito imagens de Jesus.

Jesus é como um soldado – o Comandante-Chefe do exército de Deus. É como um procurador – procurando e salvando os perdidos. É como um pastor – oferecendo aos seus seguidores comida, água e descanso. Jesus é como um semeador – semeando a Palavra de Deus nas nossas vidas. É um filho – Deus chamou-lhe "muito amado" e mandou-nos ouvi-lo. Jesus é o salvador e chama-nos a representá-Lo no mundo como santos. É um servo – obediente ao Pai, mesmo até à morte. Por último, Jesus é um investidor – muitas parábolas referem-se à gestão do tempo, dinheiro e pessoas.

Todos os líderes carregam a responsabilidade de ajudar as pessoas a trabalhar juntas. O conflito ocorre inevitavelmente entre personalidades diferentes porque vêem o mundo de forma diferente. As duas formas mais comuns de as pessoas lidarem com o conflito é evitá-lo ou lutarem umas contra as outras. Uma terceira forma de lidar com o conflito, liderada pelo Espírito de Deus, é encontrar soluções que respeitem e afirmem todos os tipos de personalidade. A sessão termina com um concurso de teatro que mostra esta verdade de forma humorística. O diagrama "oito imagens de Cristo" ajuda-nos a compreender como amar melhor os outros. Este é o trabalho de todos os seguidores de Jesus.

LOUVOR

- Cantem dois cânticos de adoração em conjunto. Peça a um líder para rezar por esta sessão.

PROGRESSO

- Peça a outro líder na formação para partilhar um pequeno testemunho (três minutos) de como Deus está a abençoar o seu grupo. Depois de o líder partilhar o testemunho, peça ao grupo para rezar por ele.
- Em alternativa, exemplifique um tempo de orientação com um líder usando o processo de formação "Progresso, Problemas, Plano, Prática, Oração".

Problema

"Aprendemos os oito tipos de personalidade diferentes na última lição. Esta informação ajuda-nos a compreender como o conflito ocorre num grupo. Nada pára uma missão ou ministério mais depressa do que o conflito. As pessoas trocam palavras acesas e magoam os sentimentos umas das outras. Depois, a missão ou o ministério começam a mover-se em câmara lenta."

Plano

"Jesus é o Salvador e chama os Seus seguidores a ser Santos que O representem no mundo. O mundo sabe que somos cristãos pela forma como lidamos com o conflito juntos. O plano desta lição é mostrar-vos porque é que o conflito acontece e como lidar com as divergências quando estas surgem."

Revisão

Boas-vindas
Quem Constrói a Igreja?
Porque é que Isso é Importante?
Como é Que Jesus Constrói a Sua Igreja?
Ser Forte em Deus 🖐
Partilhar o Evangelho 🖐
Fazer Discípulos 🖐
Começar Grupos e Igrejas 🖐
Desenvolver Líderes 🖐

–1Cor 11,1–Sede meus imitadores, como eu o sou de Cristo.

Formar Como Jesus
 Como é Que Jesus Formou Líderes?
  Progresso
  Problemas
  Planos
  Prática
  Oração

> –Lc 6,40–Não está o discípulo acima do mestre, mas o discípulo bem formado será como o mestre.

Liderar Como Jesus
 Quem é o Maior Líder Segundo Jesus?
 Quais São Sete Qualidades de um Grande Líder?
  1. Os Grandes Líderes Amam As Pessoas
  2. Os Grandes Líderes Conhecem a Sua Missão
  3. Os Grandes Líderes Servem Os Seus Seguidores
  4. Os Grandes Líderes Corrigem Com Bondade
  5. Os Grandes Líderes Conhecem Os Problemas Actuais Do Grupo
  6. Os Grandes Líderes Dão Um Bom Exemplo A Seguir
  7. Os Grandes Líderes Sabem Que São Abençoados

> –Jo 13,14-15–Ora, se Eu, o Senhor e o Mestre, vos lavei os pés, também vós deveis lavar os pés uns aos outros. Na verdade, dei-vos exemplo para que, assim como Eu fiz, vós façais também.

Crescer em Força
 Que Personalidade é Que Deus Lhe Deu?
  Soldado
  Procurador
  Pastor
  Semeador
  Filho

Santo 🖐
Servo 🖐
Investidor 🖐

Qual é o Tipo de Personalidade De Que Deus Mais Gosta?
Qual é o Tipo de Personalidade Que Faz o Melhor Líder?

> –Rm 12,4-5– *É que, como num só corpo, temos muitos membros, mas os membros não têm todos a mesma função, assim acontece connosco: os muitos que somos formamos um só corpo em Cristo, mas, individualmente, somos membros que pertencem uns aos outros.*

Porque é Que Há Oito Tipos de Pessoas No Mundo?

> –Gn 1,26–
> Depois, Deus disse: «Façamos o ser humano à nossa imagem, à nossa semelhança...»

> –Cl 1,15–
> É Ele (Jesus) a imagem do Deus invisível, o primogénito de toda a criatura.

"O Homem foi criado à imagem de Deus. Se querem ver a imagem do Deus invisível, olhem para Jesus. Até no nosso estado de pecado reflectimos quem Jesus é. Há oito imagens de Jesus na Bíblia que nos ajudam a saber como Jesus é."

Como é Jesus?

SOLDADO

–MT 26,53–
Julgas que não posso recorrer a meu Pai? Ele imediatamente me enviaria mais de doze legiões de anjos!

🖐 Soldado
Levante uma espada.

PROCURADOR

–LC 19,10–
Pois, o Filho do Homem veio procurar e salvar o que estava perdido.

🖐 Procurador
Olhe de um lado para o outro com uma mão em cima dos olhos.

PASTOR

–JO 10,11–
Eu sou o bom pastor. O bom pastor dá a sua vida pelas ovelhas.

🖐 Pastor
Mova os braços na direcção do corpo como que esteja a reunir pessoas.

SEMEADOR

–Mt 13,37–
Ele, respondendo, disse-lhes: «Aquele que semeia a boa semente é o Filho do Homem.

 Semeador
Lance sementes com as mãos.

FILHO

–Lc 9,35–
E da nuvem veio uma voz que disse: «Este é o meu Filho predilecto. Escutai-o.»

 Filho
Mova as mãos na direcção da boca como que esteja a comer.

SALVADOR/SANTO

–Mc 8,31–
Começou, depois, a ensinar-lhes que o Filho do Homem tinha de sofrer muito e ser rejeitado pelos anciãos, pelos sumos-sacerdotes e pelos doutores da Lei, e ser morto e ressuscitar depois de três dias.

"Somos chamados a ser santos que representam o Seu trabalho de salvação no mundo."

 Salvador/Santo
Coloque as mãos na posição típica de oração.

SERVO

–JO 13,14-15–
ORA, SE EU, O SENHOR E O MESTRE, VOS LAVEI OS PÉS, TAMBÉM VÓS DEVEIS LAVAR OS PÉS UNS AOS OUTROS. NA VERDADE, DEI-VOS EXEMPLO PARA QUE, ASSIM COMO EU FIZ, VÓS FAÇAIS TAMBÉM.

✋ Servo
Empunhe um machado.

INVESTIDOR

–LC 6,38–
"DAI E SER-VOS-Á DADO: UMA BOA MEDIDA, CHEIA, RECALCADA, TRANSBORDANTE SERÁ LANÇADA NO VOSSO REGAÇO. A MEDIDA QUE USARDES COM OS OUTROS SERÁ USADA CONVOSCO."

✋ Investidor
Tire dinheiro do bolso da camisa ou carteira.

Quais São as Três Escolhas Que Temos Quando Há um Conflito?

FUGIR (RESPOSTA DO CORPO)

"Personalidades diferentes têm ideias e formas de desempenhar as tarefas diferentes. As pessoas directamente à frente umas das outras no diagrama geralmente têm mais dificuldade em trabalhar juntas. Geralmente têm de se esforçar para se compreender umas às outras.

Por exemplo, o semeador quer gastar dinheiro e tempo para ver as pessoas crescer, mas o investidor quer poupar dinheiro e tempo para que a missão possa continuar. As boas decisões requerem os dois pontos de vista. Enfatizar um mais do que o outro cria competição e más decisões.

Para a maioria das pessoas, lidar com o conflito é difícil e as duas partes acabam por não comunicar. Receando mais conflito e dor, permanecemos afastados da outra pessoa. O nosso lema torna-se 'Mais vale prevenir do que remediar'.

Nesta situação, as pessoas discutem, fogem e escondem-se umas das outras."

> Mantenha os punhos juntos. Afaste-os um do outro e coloque-os atrás das costas.

LUTAR UNS CONTRA OS OUTROS (RESPOSTA DO CORPO)

"Por vezes as pessoas não evitam o conflito, mas são abertamente hostis à outra pessoa. Sentimo-nos magoados ou mal compreendidos e queremos que a outra pessoa 'pague' pelo que fez. Podemos lutar com palavras, atitudes ou os nossos punhos. Resulta sempre numa acumulação de conflito.

Por exemplo, um procurador quer experiências e oportunidades novas, enquanto um santo quer o grupo fixo a uma base sólida. Precisamos de ambos no corpo de Cristo. Dois grupos a experimentar tanto o 'novo' como o 'velho' juntos pode ser um desafio.

Os estilos de adoração parecem especialmente propensos a este problema. Os grupos envolvem-se no seu estilo e depreciam outros grupos com um estilo diferente. Palavras, atitudes e acções ficam umas contra as outras e a unidade sofre.

Nesta situação, discutimos e lutamos uns contra os outros."

 Junte os punhos e bata um contra o outro.

ENCONTRAR UMA FORMA PELO ESPÍRITO DE DEUS DE TRABALHAR JUNTOS (RESPOSTA DO ESPÍRITO)

"O Espírito Santo guia a terceira resposta. Se reconhecermos que no corpo temos tendência para fugir ou lutar quando se trata de conflitos, podemos pedir e depender do Espírito para nos ajudar a encontrar uma forma de trabalharmos juntos. Acreditamos que as soluções para os problemas que venham do corpo inteiro de Cristo são melhores. A terceira resposta requer comunicação, confiança e amor acima de tudo.

Por exemplo, um soldado deseja que a igreja esteja organizada e em missão com Deus. Pelo contrário, um filho quer que a igreja seja um lugar terapêutico de família. O soldado concentra-se na tarefa; o filho concentra-se nas relações. À medida que se unem no Espírito, encontram uma forma de desempenhar a missão e de ajudar todas as pessoas a sentirem-se 'parte da equipa'. Trabalhamos, trabalhamos e trabalhamos – mas também nos divertimos, divertimos e divertimos.

Nesta situação, encontramos uma forma de nos reunir em Cristo e de trabalhar para o Seu reino."

 Mantenha os punhos juntos, abra as mãos e entrelace os dedos, abane as mãos em cima e em baixo, como que estejam a trabalhar juntas.

Versículo de Memorização

–Gl 2:20–
Já não sou eu que vivo, mas é Cristo que vive em mim.

- Todas as pessoas levantam-se e dizem o versículo de memorização dez vezes em conjunto. Nas primeiras seis vezes, podem usar a Bíblia ou apontamentos. Nas últimas quatro vezes, dizem o versículo de cor. Diga sempre a referência do versículo antes de o citar e sente-se quando acabar.
- Seguir esta rotina ajudará os formadores a saber que equipas terminaram a lição na secção "Prática".

Prática

Concurso de Teatro

- Divida os líderes em grupos de pelo menos oito pessoas. Diga-lhes que organizará um concurso de teatro com prémios para os vencedores. Dará o primeiro prémio à equipa que representar a encenação mais cómica com base numa história real.
- Cada membro do grupo escolhe uma imagem de Cristo para imitar. Os líderes devem escolher uma imagem diferente da sua própria personalidade. Por exemplo, se o tipo de personalidade de uma pessoa é "soldado", esta deve escolher outra imagem de Cristo para representar no teatro.
- A encenação que representarão é "um encontro de grupo sobre começar igrejas novas numas numa província vizinha". Os membros do grupo devem representar o seu

- papel apenas em conflito uns com os outros (o corpo). Ninguém é o Espírito.
- Terão 5 minutos para apresentar a sua encenação ao grupo. Encoraje-os a exagerar na actuação para que as pessoas saibam que papel é que eles estão a representar no teatro.
- Dê aos líderes tempo suficiente para treinar a sua encenação (pelo menos 20 minutos).
- Comece o concurso. No final da actuação de cada grupo, vá até ao círculo de actores e veja se os líderes conseguem adivinhar o papel desempenhado por cada membro. Atribua o "primeiro lugar" ao grupo que foi mais cómico e fiel à realidade. Ideias para prémios: panfletos religiosos, CD de adoração, guloseimas, etc.
- Depois de os grupos terem actuado, peça a cada grupo para escolher algumas "estrelas" do seu grupo. Peça às "estrelas" de cada grupo para formar um novo grupo e diga-lhes para fazer novamente a encenação, agora enquanto equipa de "estrelas" recém-formada.

UMA PERGUNTA COMUM

Qual é a diferença entre as oito imagens de Cristo e os dons espirituais?

Deus criou as pessoas à Sua imagem e, se quisermos ver a imagem do Deus invisível, a Bíblia diz para olharmos para Jesus. As oito imagens descrevem como as pessoas são intrinsecamente e aplicam-se tanto a crentes como a descrentes. Usar as oito imagens como uma estrutura para o crescimento espiritual lida com o problema dos inventários dos dons espirituais. Como pode um descrente fazer um inventário dos dons espirituais e descobrir que tem dons espirituais, embora não acredite, de modo algum, em Deus?

As oito imagens de Cristo são como "baldes" onde os dons espirituais são vertidos e libertados. Um pastor pode ter o dom espiritual da misericórdia, ou exortação, ou generosidade, conforme a vontade do Espírito. Observámos que, na maior parte das vezes, alguns dons espirituais aglomeram-se ao redor de certas imagens de Cristo. Por exemplo, o dom do serviço e a imagem do servo geralmente estão ligados.

6

Partilhar o Evangelho

Como é que as pessoas podem acreditar se nunca ouviram o Evangelho? Infelizmente, os seguidores de Jesus nem sempre partilham o Evangelho para que as pessoas possam acreditar. Uma razão por que isso acontece é nunca terem aprendido a partilhá-Lo. Outra razão é ficarem ocupados com a rotina diária e se esquecerem de partilhar. Na lição "Partilhar o Evangelho", os líderes aprendem a fazer uma "pulseira do evangelho" para partilhar com os amigos e família. A pulseira lembra-nos de partilhar com os outros e é um óptimo iniciador de conversa. As suas cores lembram-nos de como partilhar o Evangelho com as pessoas que estão à procura de Deus.

A pulseira do evangelho mostra como deixámos a família de Deus. No princípio era Deus – a conta dourada. O Espírito Santo criou um mundo perfeito com céus e mares – a conta azul. Ele criou o Homem e colocou-o num belo jardim – a conta verde. O primeiro homem e a primeira mulher desobedeceram a

Deus e trouxeram o pecado e o sofrimento ao mundo – a conta preta. Deus enviou o seu único Filho ao mundo, que viveu uma vida perfeita – a conta branca. Jesus pagou pelos nossos pecados morrendo na cruz – a conta vermelha.

A pulseira do evangelho mostra-nos como podemos regressar à família de Deus revertendo a ordem. Deus disse que todas as pessoas que acreditarem que Jesus morreu na cruz por elas – a conta vermelha – e que Jesus é o Filho de Deus – a conta branca – terão os seus pecados perdoados – a conta preta. Deus aceita-nos de volta na Sua família e ficamos mais parecidos com Jesus – a conta verde. Deus dá-nos o seu Espírito Santo – a conta azul – e promete-nos que quando morrermos estaremos com ele no Céu, onde há estradas de ouro – a conta dourada.

A lição termina mostrando que Jesus é a único caminho para Deus. Ninguém é suficientemente esperto, suficientemente bom, suficientemente forte ou suficientemente terno para chegar a Deus sozinho. Jesus é o único caminho que as pessoas podem percorrer para regressar a Deus. Seguir Jesus é a única verdade que liberta as pessoas dos seus pecados. Só Jesus pode conceder a vida eterna por causa da sua morte na cruz.

Louvor

- Cantem dois cânticos de adoração em conjunto. Peça a um líder para rezar por esta sessão.

Progresso

- Peça a outro líder na formação para partilhar um pequeno testemunho (três minutos) de como Deus está a abençoar o seu grupo. Depois de o líder partilhar o testemunho, peça ao grupo para rezar por ele.

Problema

"Muitos crentes têm dificuldade em partilhar o Evangelho. Perguntam: 'Com quem devo partilhar o Evangelho?' e 'O que devo dizer?' Os crentes estão muitas vezes ocupados e não reconhecem quando Deus está a trabalhar na vida de outra pessoa para a trazer para a fé."

Plano

"Nesta lição, reveremos uma forma simples de partilhar o Evangelho, treinaremos partilhá-lo e criaremos uma 'pulseira do evangelho' que nos ajudará a lembrarmo-nos de partilhar muitas vezes o Evangelho."

Revisão

Boas-vindas
    Quem Constrói a Igreja?
    Porque é que Isso é Importante?
    Como é Que Jesus Constrói a Sua Igreja?
        Ser Forte em Deus ✋
        Partilhar o Evangelho ✋
        Fazer Discípulos ✋
        Começar Grupos e Igrejas ✋
        Desenvolver Líderes ✋

    –1Cor 11,1–Sede meus imitadores, como eu o sou de Cristo.

Formar Como Jesus
Como é Que Jesus Formou Líderes?
- Progresso
- Problemas
- Planos
- Prática
- Oração

–Lc 6,40–Não está o discípulo acima do mestre, mas o discípulo bem formado será como o mestre.

Liderar Como Jesus
Quem é o Maior Líder Segundo Jesus?
Quais São Sete Qualidades de um Grande Líder?
1. Os Grandes Líderes Amam As Pessoas
2. Os Grandes Líderes Conhecem a Sua Missão
3. Os Grandes Líderes Servem Os Seus Seguidores
4. Os Grandes Líderes Corrigem Com Bondade
5. Os Grandes Líderes Conhecem Os Problemas Actuais Do Grupo
6. Os Grandes Líderes Dão Um Bom Exemplo A Seguir
7. Os Grandes Líderes Sabem Que São Abençoados

–Jo 13,14-15–Ora, se Eu, o Senhor e o Mestre, vos lavei os pés, também vós deveis lavar os pés uns aos outros. Na verdade, dei-vos exemplo para que, assim como Eu fiz, vós façais também.

Crescer em Força
Que Personalidade é Que Deus Lhe Deu?
- Soldado
- Procurador
- Pastor
- Semeador
- Filho

Santo ✋
Servo ✋
Investidor ✋
Qual é o Tipo de Personalidade De Que Deus Mais Gosta?
Qual é o Tipo de Personalidade Que Faz o Melhor Líder?

> *—Rm 12,4-5–É que, como num só corpo, temos muitos membros, mas os membros não têm todos a mesma função, assim acontece connosco: os muitos que somos formamos um só corpo em Cristo, mas, individualmente, somos membros que pertencem uns aos outros.*

Mais Fortes Juntos
Porque é Que Há Oito Tipos de Pessoas No Mundo?
Como é Jesus?
Soldado ✋
Procurador ✋
Pastor ✋
Semeador ✋
Filho ✋
Salvador/Santo ✋
Servo ✋
Investidor ✋
Quais São as Três Escolhas Que Temos Quando Há um Conflito?
Fugir ✋
Lutar uns contra os outros ✋
Encontrar uma forma pelo Espírito de Deus de trabalhar em conjunto ✋

> *—Gl 2,20–Já não sou eu que vivo, mas é Cristo que vive em mim.*

Como Posso Partilhar o Evangelho Simples?

–LC 24,1-7–
No primeiro dia da semana, ao romper da alva, as mulheres foram ao sepulcro, levando os perfumes que haviam preparado. Encontraram removida a pedra da porta do sepulcro e, entrando, não acharam o corpo do Senhor Jesus. Estando elas perplexas com o caso, apareceram-lhes dois homens em trajes resplandecentes. Como estivessem amedrontadas e voltassem o rosto para o chão, eles disseram-lhes: "Porque buscais o Vivente entre os mortos? Não está aqui; ressuscitou! Lembrai-vos de como vos falou, quando ainda estava na Galileia, dizendo que o Filho do Homem havia de ser entregue às mãos dos pecadores, ser crucificado e ressuscitar ao terceiro dia."

- Depois de os líderes terem lido a Escritura em voz alta, distribua o seguinte material a cada participante:

    1. Uma conta dourada, azul, verde, preta, branca e vermelha
    2. Um pedaço de couro ou cordão com 30 cm de comprimento.

- Explique como fazer a "pulseira do evangelho". Comece por dar um nó no meio do cordão para segurar as contas no lugar. Enfie cada conta na pulseira à medida que explica o seu significado.

CONTA DOURADA

"No princípio só havia Deus."

CONTA AZUL

"Depois, o Espírito de Deus criou tudo no mundo, incluindo os mares e os céus."

CONTA VERDE

"Deus fez um belo jardim, criou o Homem e colocou-o na família de Deus."

CONTA PRETA

"Infelizmente, o Homem desobedeceu a Deus e trouxe o pecado e o sofrimento ao mundo. Por causa da sua rebelião, o Homem teve de deixar o jardim e a família de Deus."

CONTA BRANCA

"Contudo, Deus ainda amava muito o Homem, por isso enviou Jesus, o Seu filho, ao mundo. Jesus viveu uma vida perfeita e obedeceu a Deus em tudo."

CONTA VERMELHA

"Jesus morreu na cruz pelos nossos pedados e foi sepultado."

- Nesta altura, os líderes não acrescentam mais contas à pulseira do evangelho, mas dão um nó para as manter no lugar. Inicie a secção seguinte apontando para a conta vermelha e andando para trás até chegar à conta dourada.

CONTA VERMELHA

"Deus viu o sacrifício de Jesus pelos nossos pecados e aceitou-o. Ele ressuscitou Jesus ao terceiro dia para mostrar ao mundo que Jesus é o único caminho de volta a Deus."

CONTA BRANCA

"Aqueles que acreditam que Jesus é o Filho de Deus e que Ele pagou pelos pecados deles..."

CONTA PRETA

"E aqueles que se arrependem dos seus pecados e pedem a Jesus que os ajude..."

CONTA VERDE

"...Deus perdoa-os e recebe-os de volta na Sua família, tal como quando estavam no primeiro jardim."

CONTA AZUL

"Deus coloca o Seu Espírito neles e cria uma pessoa nova, tal como criou o mundo inteiro no princípio."

CONTA DOURADA

"Por último, todos aqueles que confiam em Jesus um dia passarão a vida eterna com Deus. Viverão com outros crentes numa cidade feita de ouro puro.

Gosto desta pulseira porque me lembra de onde estive e para onde vou. A pulseira do evangelho também me recorda de como Deus perdoou os meus pecados e mudou a minha vida.

Estão preparados para voltar para a família de Deus? Rezemos juntos e digam a Deus que acreditam que Ele criou um mundo perfeito e enviou o Seu filho para morrer pelos vossos pecados. Arrependam-se dos vossos pecados, peçam perdão e Deus receber-vos-á de novo na Sua família."

- Perca uns minutos a assegurar-se de que todos os líderes na formação são crentes. Após explicar a pulseira do evangelho, pergunte se alguém está preparado para voltar para a família de Deus.

Porque é Que Precisamos da Ajuda de Jesus?

1. Ninguém é esperto o suficiente para voltar para Deus.

   –Is 55,9–
   TANTO QUANTO OS CÉUS ESTÃO ACIMA DA TERRA, ASSIM OS MEUS CAMINHOS SÃO MAIS ALTOS QUE OS VOSSOS, E OS MEUS PLANOS, MAIS ALTOS QUE OS VOSSOS PLANOS.

   "Algumas pessoas pensam que existem muitos caminhos para Deus. Estas tecem teorias elaboradas para explicar que não é possível que Jesus seja o único caminho de volta para Deus.

Porém, os planos de Deus fazem os planos das pessoas parecer mesquinhos. Quando Deus diz que só Jesus é o caminho, a verdade e a vida, em quem é que acreditarão?"

> ✋ **Ninguém esperto o suficiente**
> Coloque os dedos indicadores das duas mãos dos lados da cabeça e abane a cabeça indicando "Não".

2. Ninguém dá o suficiente para voltar para Deus.

   –Is 64,5–
   TODOS NÓS ÉRAMOS PESSOAS IMPURAS; AS NOSSAS MELHORES ACÇÕES ERAM COMO PANOS ENSANGUENTADOS. MURCHÁVAMOS COMO FOLHAS SECAS, E AS NOSSAS MALDADES ARRASTAVAM-NOS COMO O VENTO.

"Algumas pessoas acreditam que podem receber a vida eterna dando dinheiro aos pobres. Pensam que Deus, ao ver as suas boas acções, as deixará entrar no Céu. Porém, as nossas melhores acções são panos ensanguentados quando comparadas com o que Deus fez. Ele deu o Seu único filho por nós quando Jesus morreu na cruz pelos nossos pecados. Deus aceita esta boa acção sozinha pela nossa salvação."

> ✋ **Ninguém dá o suficiente**
> Finja que tira muito dinheiro do bolso da camisa ou carteira e abane a cabeça indicando "Não".

3. Ninguém é forte o suficiente para voltar para Deus.

   –Rm 7,18–
   SIM, EU SEI QUE EM MIM, ISTO É, NA MINHA CARNE, NÃO HABITA COISA BOA; POIS O QUERER ESTÁ AO MEU ALCANCE, MAS REALIZAR O BEM, ISSO NÃO.

"Outras pessoas acreditam que o caminho para Deus é através da abnegação. Estas praticam a meditação, o jejum e rejeitam o mundo. Acreditam que uma pessoa ganha a salvação controlando os seus desejos. Uma pessoa tem de depender apenas da sua força. Um homem a afogar-se não tem o poder para se salvar a si mesmo. Tem de receber ajuda. Jesus é a única pessoa suficientemente forte para viver uma vida perfeita. Regressamos a Deus dependendo da força de Jesus e não dos nossos próprios esforços."

> 🖐 Ninguém forte o suficiente
> Levante os braços para cima na posição de "homem forte" e abane a cabeça indicando "Não".

4. Ninguém é bom o suficiente para voltar para Deus.

–RM 3,23–
TODOS PECARAM E ESTÃO PRIVADOS DA GLÓRIA DE DEUS.

"O último grupo de pessoas acredita que pode voltar para Deus porque as suas boas acções superam as suas más acções. Estão certas de que realizaram mais boas acções e ganharam a aceitação de Deus. Justificam-se a si mesmas, dizendo: "Nunca fiz nada tão mau como aquela pessoa ali." Contudo, Deus julgar-nos-á a todos em comparação com a vida perfeita do Seu filho Jesus. Comparados com Jesus, todos somos inferiores. Só o sacrifício de Jesus foi suficientemente bom para ser aceite por Deus. Só Jesus é suficientemente bom para nos levar de volta para a família de Deus. Temos de confiar na Sua bondade e não na nossa."

> 🖐 Ninguém bom o suficiente
> Estenda as mãos como que se sejam os braços de uma balança, movimente-as para cima e para baixo e abane a cabeça indicando "Não".

Versículo de Memorização

> –JO 14,6–
> JESUS RESPONDEU-LHE: "EU SOU O CAMINHO, A VERDADE E A VIDA. NINGUÉM PODE IR ATÉ AO PAI SENÃO POR MIM."

- Todas as pessoas levantam-se e dizem o versículo de memorização dez vezes em conjunto. Nas primeiras seis vezes, podem usar a Bíblia ou apontamentos. Nas últimas quatro vezes, dizem o versículo de cor. Diga sempre a referência do versículo antes de o citar e sente-se quando acabar.
- Seguir esta rotina ajudará os formadores a saber que equipas terminaram a lição na secção "Prática".

PRÁTICA

- Divida os líderes em grupos de quatro.

"Agora, vamos usar o mesmo processo de formação usado por Jesus para praticar o que aprendemos nesta lição de liderança."

- Conduza os líderes pelo processo de formação passo a passo, dando-lhes 7-8 minutos para discutir cada uma das secções seguintes.

PROGRESSO

"Partilhem um breve testemunho com o vosso grupo sobre uma pessoa que se tornou seguidora de Cristo recentemente."

PROBLEMAS

"Partilhem com o vosso grupo o que é torna difícil para vocês a partilha do Evangelho."

PLANOS

"Mencionem os nomes de cinco pessoas com que partilharão o Evangelho nos próximos 30 dias."

- Todas as pessoas devem registar os planos dos seus parceiros para poderem rezar por eles mais tarde.

PRÁTICA

- Usando a "pulseira do evangelho" como guia, todos os líderes devem partilhar o Evangelho, à vez, com o seu pequeno grupo.
- Todos os membros do grupo levantam-se e dizem o versículo de memorização dez vezes em conjunto.

ORAÇÃO

"Passem algum tempo a rezar pela lista de nomes do vosso grupo de pessoas que precisam de voltar para a família de Deus."

FINAL

O Poder de Formar Formadores

Escreva a seguinte tabela num quadro branco ou num pedaço de papel de poster antes da sessão. Pesquise as estatísticas antes da sessão, mas deixe os líderes fazer estimativas. Este debate deve estimular uma discussão activa sobre os números correctos e tornar os números mais "reais" para os participantes.

População Total		Começar Igreja Nova	
Nº Total Descrentes		Tamanho médio Igrejas	
Nº Total Crentes		No Total Igrejas	
Objectivo 2% Alcançados		Objectivo Igreja	

"Gostaria de vos mostrar porque é que as árvores de formação são importantes. Preenchamos a seguinte tabela juntos."

[As estatísticas citadas para o grupo de pessoas desta tabela são apenas para exemplo. Se todos os líderes pertencerem ao mesmo grupo de pessoas, use as estatísticas desse grupo. Se pertencerem a vários grupos de pessoas, use os valores da província, estado ou país.]

População Total	2,000,000	Começar Igreja Nova	10
Nº Total Descrentes	1,995,000	Tamanho médio Igrejas	50
Nº Total Crentes	5,000	No Total Igrejas	100
Objectivo Alcançar 2%	40,000	Objectivo Igrejas	800

"O nosso grupo tem uma população total de 2 000 000 de pessoas. Estimamos que há 5000 crentes, o que significa que 1 995 000 pessoas não estão a seguir Jesus. O objectivo é alcançar

pelo menos 2% da população para Jesus, o que significa 40 000 pessoas. Ainda temos um longo caminho a percorrer!"

Em média, uma igreja existente começará uma igreja nova a cada 10 anos. O tamanho médio, em todo o mundo, de uma igreja é de 50 pessoas, por isso estimamos que haja cerca de 100 igrejas no nosso grupo de pessoas (5000/50). O nosso objectivo é alcançar 40 000 pessoas, por isso temos de começar 700 igrejas novas. Estes valores são aproximados, mas ajudam a ter uma ideia do que está a acontecer no nosso grupo de pessoas.

A igreja tradicional comum demora dez anos a começar outra igreja, por isso em 10 anos teremos o dobro da quantidade de igrejas. O nosso objectivo para o número total de igrejas é 800 (40 000/50). Algumas igrejas terão muito mais do que cinquenta frequentadores, mas muitas igrejas serão mais pequenas, por isso é uma boa estimativa. Agora, vamos comparar duas formas diferentes de alcançar o nosso objectivo."

Começar Igrejas Tradicionais	Anos	Formar Líderes	Anos
100		5,000	
200	10	10,000	1
400	20	20,000	2
800	30	40,000	3

"Como podem ver, se nos concentrarmos em formar líderes para começar grupos, podemos alcançar o nosso objectivo em três anos. Actualmente temos 5000 crentes. Se cada um partilhar o Evangelho, levar uma pessoa até Cristo, formá-la como líder num grupo e ensiná-la a fazer o mesmo, devemos duplicar todos os anos e ter 40 000 líderes após três anos.

Se dependermos apenas de começar igrejas da forma tradicional, alcançaremos o nosso objectivo em 30 anos. Actualmente temos

100 igrejas e, se estas duplicarem a cada 10 anos, teremos 800 igrejas em 30 anos.

Há uma grande diferença entre três anos e trinta anos!

Um problema comum entre as igrejas é não usarem um processo para formar as pessoas para se tornarem líderes. Como resultado, existem poucos líderes para ajudar a começar igrejas ou grupos novos. Quando formamos como Jesus, isso resolve este problema de forma simples, mas poderosa."

O Meu Plano de Jesus

- Peça aos líderes para olhar para as costas dos seus guias de participante onde encontrarão a página "O Plano de Jesus". Explique que os líderes partilharão o seu Plano de Jesus com o grupo no final do seminário. Depois, os líderes rezarão pela bênção de Deus para a sua família, ministério e plano.

    "Repararão num lugar na seta onde preencher o perfil demográfico do vosso grupo-alvo. Passem alguns minutos a rezar e preencham os espaços o melhor possível. Podem sempre alterá-los mais tarde se receberem uma informação melhor."

7

Fazer Discípulos

Um bom líder tem sempre um bom plano. Jesus deu aos discípulos um plano simples, mas poderoso, para os seus ministérios em Lc 10: preparem os vossos corações, encontrem pessoas de paz, partilhem a boa nova e avaliem os resultados. Jesus deu-nos um bom plano a seguir.

Quer comecemos um ministério numa igreja, uma igreja nova, ou um grupo, os passos do Plano de Jesus ajudar-nos-ão a evitar erros desnecessários. Esta lição ensina os líderes a orientar-se uns aos outros nos seus Planos de Jesus pessoais. Estes também começarão a trabalhar para as suas apresentações ao grupo do seu Plano de Jesus.

Louvor

- Cantem dois cânticos de adoração em conjunto. Peça a um líder para rezar por esta sessão.

Progresso

- Peça a outro líder na formação para partilhar um pequeno testemunho (três minutos) de como Deus está a abençoar o seu grupo. Depois de o líder partilhar o testemunho, peça ao grupo para rezar por ele.
- Em alternativa, exemplifique um tempo de orientação com um líder usando o processo de formação "Progresso, Problemas, Plano, Prática, Oração".

Problema

"Quando não planeamos, planeamos falhar. Desenvolver um plano simples e estratégico pode ser difícil. Muitos líderes passam a maior parte do seu tempo a reagir aos problemas em vez de correr num caminho livre para o futuro."

Plano

"Jesus veio para procurar e salvar os perdidos e, quando O seguirmos, faremos o mesmo. Ele deu aos discípulos um plano claro que também podemos aplicar à nossa missão."

Revisão

Boas-vindas
    Quem Constrói a Igreja?
    Porque é que Isso é Importante?
    Como é Que Jesus Constrói a Sua Igreja?
        Ser Forte em Deus ✋
        Partilhar o Evangelho ✋
        Fazer Discípulos ✋

Começar Grupos e Igrejas
Desenvolver Líderes

–1Cor 11,1–Sede meus imitadores, como eu o sou de Cristo.

Formar Como Jesus
Como é Que Jesus Formou Líderes?
Progresso
Problemas
Planos
Prática
Oração

–Lc 6,40–Não está o discípulo acima do mestre, mas o discípulo bem formado será como o mestre.

Liderar Como Jesus
Quem é o Maior Líder Segundo Jesus?
Quais São Sete Qualidades de um Grande Líder?
1. Os Grandes Líderes Amam As Pessoas
2. Os Grandes Líderes Conhecem a Sua Missão
3. Os Grandes Líderes Servem Os Seus Seguidores
4. Os Grandes Líderes Corrigem Com Bondade
5. Os Grandes Líderes Conhecem Os Problemas Actuais Do Grupo
6. Os Grandes Líderes Dão Um Bom Exemplo A Seguir
7. Os Grandes Líderes Sabem Que São Abençoados

–Jo 13,14-15–Ora, se Eu, o Senhor e o Mestre, vos lavei os pés, também vós deveis lavar os pés uns aos outros. Na verdade, dei-vos exemplo para que, assim como Eu fiz, vós façais também.

Crescer em Força
Que Personalidade é Que Deus Lhe Deu?
- Soldado ✋
- Procurador ✋
- Pastor ✋
- Semeador ✋
- Filho ✋
- Santo ✋
- Servo ✋
- Investidor ✋

Qual é o Tipo de Personalidade De Que Deus Mais Gosta?
Qual é o Tipo de Personalidade Que Faz o Melhor Líder?

> –Rm 12,4-5–*É que, como num só corpo, temos muitos membros, mas os membros não têm todos a mesma função, assim acontece connosco: os muitos que somos formamos um só corpo em Cristo, mas, individualmente, somos membros que pertencem uns aos outros.*

Mais Fortes Juntos
Porque é Que Há Oito Tipos de Pessoas No Mundo?
Como é Jesus?
- Soldado ✋
- Procurador ✋
- Pastor ✋
- Semeador ✋
- Filho ✋
- Salvador/Santo ✋
- Servo ✋
- Investidor ✋

Quais São as Três Escolhas Que Temos Quando Há um Conflito?
- Fugir ✋
- Lutar uns contra os outros ✋

Encontrar uma forma pelo Espírito de Deus de trabalhar em conjunto ✋

–Gl 2,20–Já não sou eu que vivo, mas é Cristo que vive em mim.

Partilhar o Evangelho
Como Posso Partilhar o Evangelho Simples?
- Conta dourada
- Conta azul
- Conta verde
- Conta preta
- Conta branca
- Conta vermelha

Porque é Que Precisamos da Ajuda de Jesus?
- Ninguém é esperto o suficiente para voltar para Deus. ✋
- Ninguém pode dar o suficiente para voltar para Deus. ✋
- Ninguém é forte o suficiente para voltar para Deus. ✋
- Ninguém é bom o suficiente para voltar para Deus. ✋

–Jo 14,6–Jesus respondeu-lhe: "Eu sou o Caminho, a Verdade e a Vida. Ninguém pode ir até ao Pai senão por mim."

Qual é o Primeiro Passo do Plano de Jesus?

–LC 10,1-4–

¹DEPOIS DISTO, O SENHOR DESIGNOU OUTROS SETENTA E DOIS DISCÍPULOS E ENVIOU-OS DOIS A DOIS, À SUA FRENTE, A TODAS AS CIDADES E LUGARES AONDE ELE HAVIA DE IR.

²DISSE-LHES: "A MESSE É GRANDE, MAS OS TRABALHADORES SÃO POUCOS. ROGAI, PORTANTO, AO DONO DA MESSE QUE MANDE TRABALHADORES PARA A SUA MESSE.

³IDE! ENVIO-VOS COMO CORDEIROS PARA O MEIO DE LOBOS.
⁴NÃO LEVEIS BOLSA, NEM ALFORGE, NEM SANDÁLIAS; E NÃO VOS DETENHAIS A SAUDAR NINGUÉM PELO CAMINHO.

1. Preparem os Vossos Corações (1-4)

IDE DOIS A DOIS (1)

"No versículo um, Jesus diz para irem dois a dois: na maioria das culturas, isto significa dois homens ou duas mulheres. Sem parceiro, vocês estão sozinhos. Um vezes um vezes um continua a ser igual a um. Porém, dois vezes dois vezes dois é igual a oito. O potencial para a multiplicação aumenta com um parceiro.

Os tempos difíceis desencorajam as pessoas, sobretudo se trabalham sozinhas. Por toda a Bíblia, os líderes espirituais trabalharam com parceiros e Jesus reafirmou esta prática no Seu plano."

- Ensine este princípio realizando a seguinte encenação:

◈ Apoia-te em Mim ◈

"O que poderia acontecer se fossem a algum lado para ministrar sozinhos e tivessem um acidente?"

- o Caminhe pela sala como que esteja a caminho da sua área de ministério. Conte a todas as pessoas que teve um acidente e partiu a perna. Coxeie pela sala enquanto tenta ministrar aos outros. Depois, anuncie que foi atingido por um raio. Continue a tentar ministrar, mas agora contorça o pescoço.

"Como é que os acontecimentos poderiam ser diferentes se um parceiro se tivesse juntado a mim?"

- o Repita o mesmo cenário mas desta vez com um parceiro. O seu parceiro ajuda-o a enfaixar a perna e trata de si depois do acidente. Ele também o avisa para não andar à chuva quando tem uma vara de metal na mão.

"Jesus é sábio quando diz para irmos dois a dois. Ele sabe que aparecerão problemas e que precisaremos de alguém para nos ajudar quando isso acontecer."

- Use os dedos indicador e médio das duas mãos para "caminhar" juntos.

"Na primeira coluna de "O Meu Plano de Jesus", escrevam o nome da pessoa que acham que será a vossa parceira."

IDE PARA ONDE JESUS ESTÁ A TRABALHAR (1)

"Como seguimos Jesus, não fazemos nada sozinhos, mas procuramos ver onde Jesus está a trabalhar e juntamo-nos a ele. Ver onde Jesus quer nós vamos nem sempre é fácil. Contudo, a boa notícia é que Ele nos ama e mostrar-nos-á o que quer."

- Reveja os movimentos com as mãos da lição "Ir" do Seminário de Discipulado.

"Não faço nada sozinho."

✋ Ponha uma mão sobre o coração e abane a cabeça indicando "não".

"Procuro ver onde Deus está a trabalhar."

✋ Ponha uma mão em cima dos olhos; procure à esquerda e à direita.

"Onde Ele está a trabalhar, eu junto-me a Ele."

✋ Aponte para um lugar à sua frente e abane a cabeça indicando "sim".

"E sei que Ele me ama e mostrar-me-á o que quer."

✋ Levante as mãos para cima em louvor e depois cruze-as sobre o coração.

"Na primeira coluna de "O Meu Plano de Jesus", escrevam onde Deus está a trabalhar e para onde é que vos está a chamar."

OREM POR LÍDERES DA MESSE (2)

"No versículo dois, Jesus manda-nos orar pelo trabalho antes de irmos. Jesus orou fervorosamente antes de executar o Seu plano. Também devemos passar muito tempo em oração antes de começar o nosso plano.

Quando oramos, louvamos a Deus pelas pessoas da nossa equipa, pela forma como Ele está a trabalhar e pelas pessoas que alcançaremos."

✋ Louvor
Mãos levantadas em adoração..

"Nós arrependemo-nos do pecado nas nossas vidas. Arrependemo-nos de qualquer pecado nas vidas das pessoas que nos estão a seguir. Também nos arrependemos de qualquer pecado no grupo que estamos a alcançar (superstição, adoração de ídolos ou uso de amuletos, por exemplo)."

> Arrepender-se
> As palmas das mãos estão para fora a tapar a face; a cabeça está virada para o lado.

"Depois pedimos a Deus para nos dar líderes locais no lugar para onde vamos. Pedimos a Deus para nos tornar líderes que seguem Jesus, para que quando os outros nos sigam estejam a seguir Jesus."

> Pedir
> Mãos em concha para receber.

"Por último, rendemo-nos ao que Deus quer que façamos."

> Render-se
> Mãos na posição de oração e colocadas bem alto na testa para simbolizar respeito.

"Na primeira coluna de "O Meu Plano de Jesus", escrevam os nomes de líderes potenciais no lugar para onde vão por quem estão a orar."

IDE COM HUMILDADE (3)

"No versículo três, Jesus disse que nos estava a enviar como cordeiros para o meio de lobos, por isso vamos com humildade. As pessoas ouvirão uma mensagem que venha de um coração

humilde. Porém, não ouvirão se pensarem que somos orgulhosos ou arrogantes.

- Ensine este princípio realizando a seguinte encenação:

◈ O Líder Grande ◈

"O que é que acham que as pessoas de uma aldeia iriam pensar se eu entrasse na aldeia assim…?"

- Caminhe pela sala com o peito cheio de orgulho, dizendo: "Eu sou o Líder Grande, têm de me ouvir!" Diga a toda a gente que pensa que é o maior e o melhor.

"Jesus é sábio quando diz para irmos com humildade. As pessoas são mais receptivas quando o mensageiro é humilde e tem um coração para ajudar os outros. Ninguém gosta de alguém mandão."

🖐 Ide com humildade
Coloque as mãos na posição de oração e faça uma vénia.

"Na primeira coluna de "O Meu Plano de Jesus", escrevam a resposta à seguinte questão: O que é que 'ir com humildade' significa para si?"

DEPENDAM DE DEUS, E NÃO DO DINHEIRO (4)

"No plano de Jesus, Jesus dá-nos princípios claros a seguir quando começamos um ministério ou missão. Ao longo da história cristã, os líderes cometeram muitos erros no ministério porque ignoraram um destes princípios. Jesus diz-nos que o nosso ministério ou

missão tem de depender de Deus e não do dinheiro. Podemos servir a Deus ou ao dinheiro, mas não a ambos. Devemos certificar-nos de que tudo o que fazemos depende de Deus e não do dinheiro.

- Ensine este princípio realizando a seguinte encenação:

⊰ O Dinheiro é Como Mel ⊱

"O que é que acham que as pessoas de uma aldeia iriam pensar se eu entrasse na aldeia assim...?"

- Leve um saco consigo e finja que entrou numa aldeia. Aproxime-se de um dos líderes e diga: "Estamos a começar uma igreja nova na aldeia. Temos imenso dinheiro. Venha e veja o que podemos fazer por si!" Repita este discurso a vários líderes do grupo.

"Jesus é sábio quando diz para não confiarmos no dinheiro. No ministério, as pessoas devem ir a Jesus porque Ele é o filho de Deus e o Salvador do mundo, e não por causa das suas promessas de dinheiro e ajuda. O dinheiro é como mel e atrai problemas se dependermos dele e não de Deus."

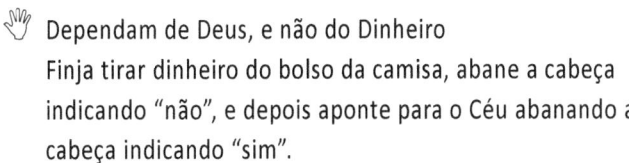
Dependam de Deus, e não do Dinheiro
Finja tirar dinheiro do bolso da camisa, abane a cabeça indicando "não", e depois aponte para o Céu abanando a cabeça indicando "sim".

"Na primeira coluna de "O Meu Plano de Jesus", escrevam quanto custará, no primeiro ano, financiar o vosso novo ministério ou missão."

IDE DIRECTAMENTE PARA ONDE ELE ESTÁ A CHAMAR (4)

"No versículo quatro, Jesus ordena-nos que não saudemos ninguém pelo caminho. Não está a ordenar que sejamos mal-educados, mas que permaneçamos concentrados na missão que Ele nos deu. A maioria de nós distrai-se facilmente fazendo tarefas boas, em vez de fazer as melhores tarefas."

- Ensine este princípio realizando a seguinte encenação:

✥ Boas Distracções ✥

"O que é que acham que as pessoas de uma aldeia iriam pensar se eu entrasse na aldeia assim...?"

- Diga a todas as pessoas que o aprendiz mostrará este princípio. Aponte para um grupo do outro lado da sala e diga:

  "Um grupo de pessoas pediu ao meu amigo para os ir ajudar. Vejam o que acontece."

- O aprendiz descreve aos líderes o que está a fazer enquanto o faz. O aprendiz parte em direcção ao grupo de pessoas que precisa de ajuda, mas lembra-se de que se deve despedir dos seus amigos. Senta-se com eles e conversam durante algum tempo. Após alguns minutos, "lembra-se" de que tem de ir numa missão. Levanta-se para começar de novo, mas lembra-se de que deve algum dinheiro à irmã, por isso vai a casa dela. Ela convida-o para jantar e diz-lhe para passar lá a noite. Na terceira vez em que ele parte, arranja outra desculpa culturalmente apropriada.

Por fim, chega à área do ministério, mas já ninguém da aldeia o quer ouvir.

"Jesus é sábio quando nos diz para irmos directamente para o lugar de ministério para o qual nos chamou. As preocupações deste mundo conseguem distrair-nos facilmente e fazem-nos perder o que Deus está a fazer num lugar de ministério."

🖐 Coloque as palmas e os dedos das duas mãos juntos e faça o movimento que indica "imediatamente".

"Na primeira coluna de "O Meu Plano de Jesus", escrevam, nos vossos apontamentos, uma lista de possíveis distracções que poderão enfrentar."

Versículo de Memorização

–LC 10,2–
DISSE-LHES: "A MESSE É GRANDE, MAS OS TRABALHADORES SÃO POUCOS. ROGAI, PORTANTO, AO DONO DA MESSE QUE MANDE TRABALHADORES PARA A SUA MESSE."

- Todas as pessoas levantam-se e dizem o versículo de memorização dez vezes em conjunto. Nas primeiras seis vezes, podem usar a Bíblia ou apontamentos. Nas últimas quatro vezes, dizem o versículo de cor. Diga sempre a referência do versículo antes de o citar e sente-se quando acabar.
- Seguir esta rotina ajudará os formadores a saber que equipas terminaram a lição na secção "Prática".

Prática

- Divida os líderes em grupos de quatro. Peça-lhes para usar o processo de formação nesta lição de liderança e responder às questões em baixo.
- Conduza os líderes pelo processo de formação passo a passo, dando-lhes 7-8 minutos para discutir cada uma das secções seguintes.

PROGRESSO

"Que parte deste passo é mais fácil de obedecer para o vosso grupo?

PROBLEMAS

"Que parte deste passo é mais difícil de obedecer para o vosso grupo?

PLANOS

"Que tarefa começarão a realizar no vosso grupo nos próximos 30 dias para obedecer a este passo do plano de Jesus?"

- Todas as pessoas devem registar os planos uns dos outros para mais tarde poderem rezar pelos seus parceiros.

PRÁTICA

"Que tarefa irão melhorar no vosso grupo nos próximos 30 dias para obedecer a este passo do plano de Jesus?"

- Todas as pessoas registam o item prático dos seus parceiros para poderem rezar por eles mais tarde.
- Os líderes levantam-se e dizem o versículo de memorização dez vezes em conjunto depois de todos terem partilhado a competência que irão praticar.

ORAÇÃO

- passem algum tempo a rezar pelos planos uns dos outros.

FINAL

O Meu Plano de Jesus

- Peça aos líderes para olhar para as costas dos seus guias de participante, para a página "O Plano de Jesus".

"Usando as vossas notas desta sessão, preencham a primeira coluna do vosso Plano de Jesus – como irão fazer o vosso trabalho. Escrevam detalhes específicos sobre como seguirão os princípios de Jesus para o ministério que constam em Lc 10."

My Jesus Plan

How we will go	What we will do	Where we will go	Who will go

Now
Population –
Believers –
Churches –

Vision
Population –
Believers –
Churches –

8

Começar Grupos

Os líderes preparam os seus corações no Passo 1 do Plano de Jesus. A lição "Começar Grupos" abarca os passos 2, 3 e 4. Poderíamos evitar muitos erros nos ministérios e nas missões seguindo simplesmente os princípios do Plano de Jesus presentes em Lc 10. Os líderes aplicam estes princípios no final da sessão quando preenchem o seu "Plano de Jesus" pessoal.

O Passo 2 é sobre o desenvolvimento de relações. Juntamo-nos a Deus onde Ele está a trabalhar e descobrimos pessoas influentes que estejam receptivas à mensagem. Comemos e bebemos o que nos dão para lhes mostrar que os aceitamos. Não passamos de uma amizade para outra, porque isso desacredita a mensagem de reconciliação que pregamos.

Partilhamos a boa nova no Passo 3. Jesus é um pastor e quer proteger e cuidar das pessoas. Neste passo, os formadores encorajam os líderes a encontrar formas de curar enquanto ministram. As pessoas não se importam com o que sabe até saberem que se preocupa. Curar os doentes abre portas para a partilha do Evangelho.

Avaliamos os resultados e ajustamo-nos no Passo 4. Quão receptivas estão as pessoas? Há um interesse genuíno em questões espirituais ou é outra razão, como o dinheiro, que fomenta a sua curiosidade? Se as pessoas estiverem a responder, ficamos e continuamos a missão. Se as pessoas não estiverem a responder, Jesus manda-nos sair e começar noutro lugar.

Louvor

- Cantem dois cânticos de adoração em conjunto. Peça a um líder para rezar por esta sessão.

Progresso

- Peça a outro líder na formação para partilhar um pequeno testemunho (três minutos) de como Deus está a abençoar o seu grupo. Depois de o líder partilhar o testemunho, peça ao grupo para rezar por ele.
- Em alternativa, exemplifique um tempo de orientação com um líder usando o processo de formação "Progresso, Problemas, Plano, Prática, Oração".

Problema

"Muitas vezes, os crentes têm um bom coração e estão desejosos de alcançar a sua comunidade. Porém, não têm um plano simples a seguir que seja adequado aos seus objectivos. Muitos começam grupos por tentativa e erro, mas este método desperdiça tempo e energia. Jesus deu aos discípulos instruções claras sobre como começar grupos. Quando seguimos o Seu plano, juntamo-nos a Ele onde está a trabalhar e evitamos erros desnecessários."

Plano

"O objectivo desta lição é mostrar-vos uma boa forma de começar um grupo de discípulos seguindo as instruções de Jesus. Começamos por encontrar uma pessoa de paz e satisfazer as suas necessidades físicas e espirituais. Jesus também nos manda avaliar o nosso trabalho no final do Seu plano."

Revisão

Boas-vindas
Quem Constrói a Igreja?
Porque é que Isso é Importante?
Como é Que Jesus Constrói a Sua Igreja?
Ser Forte em Deus
Partilhar o Evangelho
Fazer Discípulos
Começar Grupos e Igrejas
Desenvolver Líderes

–1Cor 11,1–Sede meus imitadores, como eu o sou de Cristo.

Formar Como Jesus
Como é Que Jesus Formou Líderes?
Progresso
Problemas
Planos
Prática
Oração

–Lc 6,40–Não está o discípulo acima do mestre, mas o discípulo bem formado será como o mestre.

Liderar Como Jesus
Quem é o Maior Líder Segundo Jesus? ✋
Quais São Sete Qualidades de um Grande Líder?
1. Os Grandes Líderes Amam As Pessoas ✋
2. Os Grandes Líderes Conhecem a Sua Missão ✋
3. Os Grandes Líderes Servem Os Seus Seguidores ✋
4. Os Grandes Líderes Corrigem Com Bondade ✋
5. Os Grandes Líderes Conhecem Os Problemas Actuais Do Grupo ✋
6. Os Grandes Líderes Dão Um Bom Exemplo A Seguir ✋
7. Os Grandes Líderes Sabem Que São Abençoados ✋

> –Jo 13,14-15–Ora, se Eu, o Senhor e o Mestre, vos lavei os pés, também vós deveis lavar os pés uns aos outros. Na verdade, dei-vos exemplo para que, assim como Eu fiz, vós façais também.

Crescer em Força
Que Personalidade é Que Deus Lhe Deu?
- Soldado ✋
- Procurador ✋
- Pastor ✋
- Semeador ✋
- Filho ✋
- Santo ✋
- Servo ✋
- Investidor ✋

Qual é o Tipo de Personalidade De Que Deus Mais Gosta?
Qual é o Tipo de Personalidade Que Faz o Melhor Líder?

> –Rm 12,4-5–É que, como num só corpo, temos muitos membros, mas os membros não têm todos a mesma função, assim acontece connosco: os muitos que somos formamos um só corpo em Cristo, mas, individualmente, somos membros que pertencem uns aos outros.

Mais Fortes Juntos
Porque é Que Há Oito Tipos de Pessoas No Mundo?
Como é Jesus?
- Soldado ✋
- Procurador ✋
- Pastor ✋
- Semeador ✋
- Filho ✋
- Salvador/Santo ✋
- Servo ✋
- Investidor ✋

Quais São as Três Escolhas Que Temos Quando Há um Conflito?
- Fugir ✋
- Lutar uns contra os outros ✋
- Encontrar uma forma pelo Espírito de Deus de trabalhar em conjunto ✋

–Gl 2,20–Já não sou eu que vivo, mas é Cristo que vive em mim.

Partilhar o Evangelho
Como Posso Partilhar o Evangelho Simples?
- Conta dourada
- Conta azul
- Conta verde
- Conta preta
- Conta branca
- Conta vermelha

Porque é Que Precisamos da Ajuda de Jesus
- Ninguém é esperto o suficiente para voltar para Deus. ✋
- Ninguém pode dar o suficiente para voltar para Deus. ✋
- Ninguém é forte o suficiente para voltar para Deus. ✋
- Ninguém é bom o suficiente para voltar para Deus. ✋

–Jo 14,6–Jesus respondeu-lhe: "Eu sou o Caminho, a Verdade e a Vida. Ninguém pode ir até ao Pai senão por mim."

Fazer Discípulos
Qual é o Primeiro Passo do Plano de Jesus?
Preparem os Vossos Corações
Ide Dois a Dois
Ide Para Onde Jesus Está a Trabalhar
Orem Por Líderes Da Messe
Ide Com Humildade
Dependam de Deus, e não do Dinheiro
Ide Directamente Para Onde Ele Está a Chamar

–Lc 10,2-4–Disse-lhes: "A messe é grande, mas os trabalhadores são poucos. Rogai, portanto, ao dono da messe que mande trabalhadores para a sua messe."

Qual é o Segundo Passo do Plano de Jesus?

–LC 10,5-8–
⁵EM QUALQUER CASA EM QUE ENTRARDES, DIZEI PRIMEIRO: 'A PAZ ESTEJA NESTA CASA!'
⁶E, SE LÁ HOUVER UM HOMEM DE PAZ, SOBRE ELE REPOUSARÁ A VOSSA PAZ; SE NÃO, VOLTARÁ PARA VÓS.
⁷FICAI NESSA CASA, COMENDO E BEBENDO DO QUE LÁ HOUVER, POIS O TRABALHADOR MERECE O SEU SALÁRIO. NÃO ANDEIS DE CASA EM CASA.
⁸EM QUALQUER CIDADE EM QUE ENTRARDES E VOS RECEBEREM, COMEI DO QUE VOS FOR SERVIDO.

2. Desenvolvam Amizades (5-8)

ENCONTREM UMA PESSOA DE PAZ (5, 6)

"Nos versículos cinco e seis, Jesus manda-nos procurar pessoas de paz. Uma pessoa de paz é alguém que está à procura de Deus no lugar para onde vão. Quando lhe falam de questões espirituais, mostra interesse e quer saber mais. Deus já está a trabalhar e a atrair essa pessoa para Ele. Partilhar o nosso testemunho é frequentemente uma boa forma de encontrar uma pessoa de paz."

- Na segunda coluna do seu plano de Jesus, escreva 'Pessoas de Paz' de que tem conhecimento na sua área alvo.

  🖐 Pessoa de Paz
  Aperte as mãos uma na outra como um aperto de mãos entre amigos.

COMAM E BEBAM DO QUE LÁ HOUVER (7, 8)

"Porque é que acham que Jesus diz: 'comam e bebam do que lá houver' no versículo sete? Porque quer que sejamos culturalmente sensíveis enquanto desenvolvemos amizades. A melhor forma de o fazer é comerem e beberem o que o vosso anfitrião vos der por amizade.

Por vezes, poderão ter de pedir a graça de Deus quando uma comida invulgar vos der a volta ao estômago! Porém, se pedirem, receberão. Não se esqueçam de que as pessoas se sentem amadas e aceites quando comemos o que comem e bebemos o que bebem."

- Na segunda coluna do seu plano de Jesus, escreva quaisquer costumes ou preferências alimentares do seu grupo alvo aos quais terá de ser sensível.

  ✋ **Comam e Bebam**
  Finja comer e beber. Depois esfregue a barriga para mostrar que a comida é boa.

NÃO ANDEM DE CASA EM CASA (7)

"No versículo sete, Jesus diz para permanecermos na casa da pessoa com quem estabelecermos uma ligação na aldeia. As amizades demoram tempo a desenvolver-se e todas as relações lidam com o conflito e problemas de vez em quando. Se nos mudarmos ao primeiro sinal de dificuldade, isto desacredita a mensagem de reconciliação que estamos a pregar."

  ✋ **Não Andem de Casa em Casa**
  Faça o contorno do telhado de uma casa com as duas mãos. Mova a casa para vários lugares e abane a cabeça indicando "Não".

- Ensine os princípios do segundo passo do plano de Jesus realizando a seguinte encenação:

∽ Como Irritar uma Aldeia ∽

"O que é que acham que as pessoas de uma aldeia iriam pensar se eu entrasse na aldeia assim?"

- Diga a todas as pessoas que, até agora, você e o seu parceiro seguiram o plano de Jesus. Vão para um

lugar de ministério os dois juntos. Oraram, vão com humildade e não estão a depender de dinheiro. Deus está a trabalhar na aldeia e vocês os dois foram directamente para lá. Diga-lhes para observar o que se vai passar a seguir e ver como os aldeões respondem.
- Peça aos líderes para imaginar que o grupo de formação é uma aldeia. Os conjuntos de pessoas são casas na aldeia.
- Dirijam-se à primeira casa, abençoem-na, sentem-se com eles e passem tempo com eles. Perguntem se podem comer alguma coisa, pois estão esfomeados. Depois de vos trazerem comida, comam-na e façam cara feia. A seguir, diga ao seu parceiro que não consegue ficar ali mais tempo, porque a comida é muito má e acha que vai morrer. Despeçam-se enquanto esfregam a barriga como que estejam com dores.
- Dirijam-se à segunda casa, abençoem-na, sentem-se com eles e voltem a concordar em passar a noite. "Finja" que adormece. Algum tempo depois, o seu parceiro diz-lhe que não consegue ficar ali mais tempo porque um homem da casa ressona muito alto. O seu parceiro não dormiu nada a noite toda. Despeçam-se enquanto esfregam os olhos.
- Dirijam-se à terceira casa, abençoem-na, sentem-se com eles e fiquem durante algum tempo. No dia seguinte, diga ao seu parceiro que não consegue ficar ali mais tempo porque eles coscuvilham tanto que isso magoa os seus ouvidos. Despeçam-se e vão-se embora, esfregando os ouvidos.
- Dirijam-se à última casa, abençoem-na, sentem-se com eles e fiquem durante algum tempo. Diga a toda as pessoas que ouviu dizer há filhas bonitas na casa. Está a tentar ajudar o seu amigo a encontrar uma esposa. Diga aos residentes todas as qualidades admiráveis do seu parceiro. Explique que está convicto de que Deus quer que o seu parceiro case com uma das belas filhas deles.

"Se tentássemos partilhar o Evangelho nesta aldeia, o que é que os aldeões iriam pensar? Pensariam que não tínhamos honra. Que só queríamos saber do que nos podiam dar. Seguir o plano de Jesus ajuda-nos a evitar muitos erros."

- Na segunda coluna do seu plano de Jesus, escreva como contribuirá para o lar onde ficar. Quais são algumas formas específicas em que pode ser uma bênção para eles?

Qual é o Terceiro Passo do Plano de Jesus?

–LC 10,9–
CURAI OS DOENTES QUE NELA HOUVER E DIZEI-LHES: 'O REINO DE DEUS JÁ ESTÁ PRÓXIMO DE VÓS.'

3. PARTILHEM A BOA NOVA

CUREM OS DOENTES (9)

"O ministério de Jesus incluiu ministério tanto às necessidades físicas como às espirituais. Podemos levar cura a uma aldeia ou grupo de pessoas de muitas formas, tais como ajudar no desenvolvimento da comunidade, melhorar o fornecimento de água, levar ajuda médica ou dentária, orar pelos doentes e dar aconselhamento."

- Na segunda coluna do seu plano de Jesus, escreva uma forma prática de conseguir satisfazer as necessidades físicas da comunidade através do seu ministério ou missão.

- 🖐 Curem os Doentes
  Estenda os braços como que esteja a pousar as mãos numa pessoa doente para a curar.

PARTILHEM O EVANGELHO (9)

"A segunda parte de partilhar a boa nova é partilhar o evangelho."

- Reveja o Evangelho usando a pulseira do evangelho.

"A boa nova só é boa nova se as pessoas a conseguirem compreender no contexto delas. Um aspecto importante de proclamar o Evangelho é assegurar-se de que este faz sentido para quem o ouve."

- 🖐 Partilhar o Evangelho
  Coloque as mãos em concha à volta da boca como que esteja a segurar num megafone.

- Ensine os princípios do terceiro passo do plano de Jesus realizando a seguinte encenação:

✄ O Pássaro Com Duas Asas ✄

"Jesus disse para curarmos os doentes e pregarmos o Evangelho. Isto é como duas asas num pássaro. Precisamos de ambas para voar!"

- Peça um voluntário. Explique que o voluntário é um evangelista dotado e que você trabalha melhor curando os doentes.

- Peça ao voluntário para levantar os dois braços como que sejam asas. Explique que o braço direito dele é forte no evangelismo, mas o braço esquerdo é mais fraco (peça-lhe para colocar o braço esquerdo mais baixo do que o direito).
- Levante os dois braços como que sejam asas. Explique que o seu braço esquerdo é forte na cura dos doentes, mas o braço direito é mais fraco. Você é fraco a partilhar o Evangelho. Peça ao voluntário para voar com as suas asas forte e fraca. Faça o mesmo. (Ambos devem rodopiar em círculos)

"Como é que os resultados poderiam ser diferentes se decidíssemos trabalhar juntos?"

- Junte o seu braço "fraco" (evangelismo) ao braço "fraco" do voluntário (cura dos doentes).

"Quando juntamos as nossas forças e trabalhamos lado a lado, podemos voar."

- Você e o voluntário batem os vossos braços "fortes" juntos e "voam" pela sala.

Qual é o Quarto Passo do Plano de Jesus?

–LC 10,10-11–
MAS, EM QUALQUER CIDADE EM QUE ENTRARDES E NÃO VOS RECEBEREM, SAÍ À PRAÇA PÚBLICA E DIZEI: 'ATÉ O PÓ DA VOSSA CIDADE, QUE SE PEGOU AOS NOSSOS PÉS, SACUDIMOS, PARA VO-LO DEIXAR. NO ENTANTO, FICAI SABENDO QUE O REINO DE DEUS JÁ CHEGOU.'"

4. Avaliem os Resultados e Ajustem-se

AVALIEM COMO ELES RESPONDEM (10, 11)

"Um segredo para o sucesso de longo prazo em qualquer missão é a capacidade para avaliar. Neste passo, Jesus diz-nos para analisar a forma como as pessoas estão a responder e fazer correcções aos nossos planos.

Às vezes as pessoas não respondem porque não compreendem a nossa mensagem e temos de a tornar mais clara. Outras vezes as pessoas não respondem porque têm pecado nas suas vidas, por isso partilhamos o perdão de Deus com elas. Outras ainda não estão receptíveis devido a experiências negativas no seu passado e nós amamo-las de volta para a família de Deus. Contudo, chega uma altura em que temos de avaliar a abertura das pessoas com quem estamos a trabalhar e ajustar o nosso plano de acordo com ela.

Um passo essencial do Plano de Jesus é decidir antes de começar como é que iremos avaliar os resultados."

- Na segunda coluna do seu plano de Jesus, escreva como será o retrato do "sucesso" desta missão ou ministério. Como é que avaliará a resposta deles?

     Avaliem os Resultados
    Vire as palmas das mãos para cima para representarem uma balança. Mova a balança para cima e para baixo com uma expressão de interrogação na face.

VÃO-SE EMBORA SE NÃO RESPONDEREM (11)

"O último princípio do Plano de Jesus é difícil para muitas pessoas. Devemos deixar o lugar onde estamos a ministrar, se não

responderem. Muitas vezes, continuamos a acreditar que alguma coisa irá mudar. Continuamos com esperança quando chegou a altura de seguir em frente."

"Um parte estratégica do trabalho missionário é determinar o momento de seguir em frente. Algumas pessoas querem partir cedo demais, outras devagar demais. Deixar amizades nunca é fácil, mas é importante lembrar-se de que Jesus nos ordenou que seguíssemos em frente se as pessoas não estiverem a responder.

Quanto tempo devem investir nas pessoas antes de decidirem que elas não irão responder: um dia, um mês, um ano? Todas as situações de ministério são diferentes. A realidade é que muitas pessoas ficam demasiado tempo e perdem a bênção de Deus noutro lugar porque não foram obedientes aos princípios do Plano de Jesus."

- Na segunda coluna do seu plano de Jesus, escreva quanto tempo é que acha que precisará de ficar para realizar a missão que Deus lhe deu. Se este grupo de pessoas não for receptivo ao Evangelho, onde é que começará a seguir?

   🖐 **Vão-se Embora se Não Responderem**
   Despeça-se acenando.

Versículo de Memorização

–LC 10,9–
CURAI OS DOENTES QUE NELA HOUVER E DIZEI-LHES: 'O REINO DE DEUS JÁ ESTÁ PRÓXIMO DE VÓS.'

- Todas as pessoas levantam-se e dizem o versículo de memorização dez vezes em conjunto. Nas primeiras seis vezes, podem usar a Bíblia ou apontamentos. Nas últimas

quatro vezes, dizem o versículo de cor. Diga sempre a referência do versículo antes de o citar e sente-se quando acabar.
- Seguir esta rotina ajudará os formadores a saber que equipas terminaram a lição na secção "Prática".

Prática

- Divida os líderes em grupos de quatro. Peça-lhes para usar o processo de formação com a lição de liderança.
- Conduza os líderes pelo processo de formação passo a passo, dando-lhes 7-8 minutos para discutir cada uma das secções seguintes.

PROGRESSO

"Que partes destes passos são mais fáceis de obedecer para o vosso grupo?

PROBLEMAS

"Que partes destes passos são mais difíceis de obedecer para o vosso grupo?

PLANOS

"Que tarefa começarão a realizar no vosso grupo nos próximos 30 dias para obedecer a estes passos do plano de Jesus?"

- Os líderes devem registar os planos uns dos outros para mais tarde poderem rezar pelos seus parceiros.

PRÁTICA

"Que tarefa irão melhorar no vosso grupo nos próximos 30 dias para obedecer a estes passos do plano de Jesus?"

- Todas as pessoas registam o item prático dos seus parceiros para poderem rezar por eles mais tarde.
- Os líderes levantam-se e dizem o versículo de memorização dez vezes em conjunto depois de todos terem partilhado a competência que irão praticar.

ORAÇÃO

- Passem algum tempo a rezar pelos planos uns dos outros. Rezem para que Deus continue a ajudar os grupos a progredir e a fortalecer as suas fragilidades.

FINAL

O Meu Plano de Jesus

- Peça aos líderes para olhar para as costas dos seus guias de participante, para a página "O Plano de Jesus".

"Usando as vossas notas desta sessão, preencham a segunda coluna do vosso Plano de Jesus. Esta coluna indica quem são as nossas pessoas de paz e como é que lhes ministraremos. Escrevam detalhes específicos sobre como seguirão os princípios de Jesus para o ministério que constam em Lc 10."

9

Multiplicar Grupos

As igrejas reprodutoras saudáveis são resultado de crescer em força em Deus, partilhar o Evangelho, fazer discípulos, começar grupos e formar líderes. Contudo, a maioria dos líderes nunca começou uma igreja, e não sabe como começar. "Multiplicar Grupos" apresenta os locais em que nos devemos concentrar quando começamos grupos que originam igrejas. Nos Actos dos Apóstolos, Jesus ordena-nos que comecemos grupos em quatro áreas diferentes. Diz para começarmos grupos na cidade e na região onde vivemos. Depois, diz para começarmos associações novas numa região vizinha e num grupo étnico diferente de onde vivemos. Por último, Jesus ordena-nos que vamos para lugares longínquos e alcancemos todos os grupos étnicos do mundo. Os formadores encorajam os líderes a adoptar o coração de Jesus para todos os povos e a fazer planos para alcançar a sua Jerusalém, Judeia, Samaria, e até aos confins do mundo. Os líderes adicionam estes compromissos ao seu "Plano de Jesus".

Os Actos dos Apóstolos também descrevem o trabalho de quatro tipos de iniciadores de grupos. Pedro, um pastor, ajudou a começar um grupo na casa de Cornélio. Paulo, um leigo, viajou por todo o Império Romano, começando grupos. Priscila e Áquila, fabricantes por conta própria, começaram grupos onde quer que os seus negócios os levaram. As pessoas "perseguidas" em Act 8 espalharam-se e começaram grupos onde quer que estivessem. Nesta lição, os líderes identificam possíveis iniciadores de grupos na sua esfera de influência e incluem-nos no seu "Plano de Jesus". A sessão termina abordando a suposição de que começar igrejas requer uma grande conta bancária. A maior parte das igrejas começa nas casas, com uma despesa quase limitada à compra de uma Bíblia.

Louvor

- Cantem dois cânticos de adoração em conjunto. Peça a um líder para rezar por esta sessão.

Progresso

- Peça a outro líder na formação para partilhar um pequeno testemunho (três minutos) de como Deus está a abençoar o seu grupo. Depois de o líder partilhar o testemunho, peça ao grupo para rezar por ele.
- Em alternativa, exemplifique um tempo de orientação com um líder usando o processo de formação "Progresso, Problemas, Plano, Prática, Oração".

Problema

"Liderar um grupo ou igreja existentes não é fácil. A ideia de começar outro grupo ou igreja parece impossível. As igrejas

questionam-se sobre como usar dinheiro, tempo ou pessoas limitados. Contudo, Jesus conhece as nossas necessidades de gestão e continua a mandar-nos começar igrejas novas.

Outro problema que enfrentamos quando começamos grupos ou igrejas é o facto de que a maioria dos crentes nunca começou um grupo ou igreja. Pastores, líderes, pessoas de negócios e membros de igrejas têm uma ideia em mente do que é preciso para se ser uma igreja "verdadeira". Na maioria das vezes, isto traduz-se por começar igrejas que são exactamente iguais à igreja-mãe, o que é quase uma garantia de que a igreja nova falhará."

PLANO

"Lembram-se de quando falámos de como passar de 5000 para 40 000 crentes? O segredo desse crescimento é cada líder começar um grupo novo. Nesta lição, ficaremos a conhecer as quatro áreas onde devemos começar grupos. Depois, identificaremos quatro tipos de pessoas que começaram grupos nos Actos dos Apóstolos."

Revisão

Boas-vindas
    Quem Constrói a Igreja?
    Porque é que Isso é Importante?
    Como é Que Jesus Constrói a Sua Igreja?
        Ser Forte em Deus ✋
        Partilhar o Evangelho ✋
        Fazer Discípulos ✋
        Começar Grupos e Igrejas ✋
        Desenvolver Líderes ✋

–1Cor 11,1–Sede meus imitadores, como eu o sou de Cristo.

Formar Como Jesus
    Como é Que Jesus Formou Líderes?
        Progresso 🖐
        Problemas 🖐
        Planos 🖐
        Prática 🖐
        Oração 🖐

–Lc 6,40–Não está o discípulo acima do mestre, mas o discípulo bem formado será como o mestre.

Liderar Como Jesus
    Quem é o Maior Líder Segundo Jesus? 🖐
    Quais São Sete Qualidades de um Grande Líder?
        1. Os Grandes Líderes Amam As Pessoas 🖐
        2. Os Grandes Líderes Conhecem a Sua Missão 🖐
        3. Os Grandes Líderes Servem Os Seus Seguidores 🖐
        4. Os Grandes Líderes Corrigem Com Bondade 🖐
        5. Os Grandes Líderes Conhecem Os Problemas Actuais Do Grupo 🖐
        6. Os Grandes Líderes Dão Um Bom Exemplo A Seguir 🖐
        7. Os Grandes Líderes Sabem Que São Abençoados 🖐

–Jo 13,14-15–Ora, se Eu, o Senhor e o Mestre, vos lavei os pés, também vós deveis lavar os pés uns aos outros. Na verdade, dei-vos exemplo para que, assim como Eu fiz, vós façais também.

Crescer em Força
    Que Personalidade é Que Deus Lhe Deu?
        Soldado 🖐
        Procurador 🖐

Pastor
Semeador
Filho
Santo
Servo
Investidor

Qual é o Tipo de Personalidade De Que Deus Mais Gosta?
Qual é o Tipo de Personalidade Que Faz o Melhor Líder?

> –Rm 12,4-5– *É que, como num só corpo, temos muitos membros, mas os membros não têm todos a mesma função, assim acontece connosco: os muitos que somos formamos um só corpo em Cristo, mas, individualmente, somos membros que pertencem uns aos outros.*

Mais Fortes Juntos

Porque é Que Há Oito Tipos de Pessoas No Mundo?
Como é Jesus?
- Soldado
- Procurador
- Pastor
- Semeador
- Filho
- Salvador/Santo
- Servo
- Investidor

Quais São as Três Escolhas Que Temos Quando Há um Conflito?
- Fugir
- Lutar uns contra os outros
- Encontrar uma forma pelo Espírito de Deus de trabalhar em conjunto

–Gl 2,20–Já não sou eu que vivo, mas é Cristo que vive em mim.

Partilhar o Evangelho
  Como Posso Partilhar o Evangelho Simples?
    Conta dourada
    Conta azul
    Conta verde
    Conta preta
    Conta branca
    Conta vermelha
  Porque é Que Precisamos da Ajuda de Jesus?
    Ninguém é esperto o suficiente para voltar para Deus. ✋
    Ninguém pode dar o suficiente para voltar para Deus. ✋
    Ninguém é forte o suficiente para voltar para Deus. ✋
    Ninguém é bom o suficiente para voltar para Deus. ✋

–Jo 14,6–Jesus respondeu-lhe: "Eu sou o Caminho, a Verdade e a Vida. Ninguém pode ir até ao Pai senão por mim."

Fazer Discípulos
  Qual é o Primeiro Passo do Plano de Jesus?
    Preparem os Vossos Corações ✋
    Ide Dois a Dois ✋
    Ide Para Onde Jesus Está a Trabalhar ✋
    Orem Por Líderes Da Messe ✋
    Ide Com Humildade ✋
    Dependam de Deus, e não do Dinheiro ✋
    Ide Directamente Para Onde Ele Está a Chamar ✋

–Lc 10,2-4–Disse-lhes: "A messe é grande, mas os trabalhadores são poucos. Rogai, portanto, ao dono da messe que mande trabalhadores para a sua messe."

Começar Grupos
  Qual é o Segundo Passo do Plano de Jesus?
    Desenvolvam Amizades ✋
      Encontrem Uma Pessoa de paz
      Comam e Bebam do Que Lá Houver
      Não Andem de Casa em Casa
  Qual é o Terceiro Passo do Plano de Jesus?
    Partilhem a Boa Nova ✋
      Curem os Doentes
      Proclamem o Evangelho
  Qual é o Quarto Passo do Plano de Jesus?
    Avaliem os Resultados e Ajustem-se ✋
      Avaliem Como Eles Respondem
      Vão-se Embora Se Não Responderem

–Lc 10,9–Curai os doentes que nela houver e dizei-lhes: 'O Reino de Deus já está próximo de vós.'

Quais São os Quatro Locais Onde Jesus Ordenou Que os Crentes Começassem Grupos?

–ACT 1,8–
MAS IDES RECEBER UMA FORÇA, A DO ESPÍRITO SANTO, QUE DESCERÁ SOBRE VÓS, E SEREIS MINHAS TESTEMUNHAS EM JERUSALÉM, POR TODA A JUDEIA E SAMARIA E ATÉ AOS CONFINS DO MUNDO.

1. **Jerusalém**

"Jesus disse aos discípulos para começar grupos na cidade onde viviam e entre o mesmo grupo étnico. Quando seguimos o Seu exemplo, começamos grupos e igrejas novos nas cidades onde vivemos."

- Na terceira coluna do seu Plano de Jesus, escreva o nome de um local na cidade onde vive que precisa de um grupo ou igreja novos. Escreva uma curta descrição de como isso acontecerá.

2. **Judeia**

"Segundo, Jesus disse aos discípulos para começar grupos na região onde viviam. Jerusalém era um ambiente urbano, enquanto a Judeia era uma parte rural de Israel. As pessoas que viviam na Judeia eram do mesmo grupo étnico que o dos discípulos. Seguindo a ordem de Jesus, começaremos grupos e igrejas novos nas áreas rurais onde vivemos."

- Na terceira coluna do seu Plano de Jesus, escreva o nome de um local na região onde vive que precisa de um grupo ou igreja novos. Escreva uma curta descrição de como isso acontecerá.

3. **Samaria**

"Terceiro, Jesus ordenou que os discípulos começassem grupos numa cidade diferente com um grupo étnico diferente. O povo judeu desprezava o povo que vivia na Samaria. Não obstante os preconceitos deles, Jesus chamou os discípulos para partilhar a boa nova e começar grupos e igrejas entre os samaritanos. Seguimos a ordem de Jesus quando começamos grupos ou igrejas nas cidades próximas de nós, entre um grupo étnico diferente."

- Na terceira coluna do seu Plano de Jesus, escreva o nome de um local numa cidade diferente com um grupo étnico diferente que precisa de um grupo ou igreja novos. Escreva uma curta descrição de como isso acontecerá.

4. **Extremo**

"Por último, Jesus encarregou os discípulos de começar grupos por todo o mundo e entre todos os grupos étnicos diferentes da Terra. Obedecer a esta ordem normalmente requer aprender uma língua nova e uma cultura nova. Obedecemos a esta ordem quando enviamos missionários da nossa igreja para começar grupos e igrejas novos em locais estrangeiros."

- Na terceira coluna do seu Plano de Jesus, escreva o nome de um local numa região diferente com um grupo étnico diferente que precisa de um grupo ou igreja novos. Escreva uma curta descrição de como isso acontecerá.

Quais São Quatro Formas de Começar um Grupo ou Igreja?

1. **Pedro**

   –ACT 10,9–
   NO DIA SEGUINTE, ENQUANTO ELES IAM A CAMINHO E SE APROXIMAVAM DA CIDADE, PEDRO SUBIU AO TERRAÇO PARA A ORAÇÃO DO MEIO-DIA.

   "Pedro pastoreava a igreja de Jerusalém. Cornélio pediu-lhe para ir a Jope para partilhar a boa nova de Jesus Cristo. Quando Pedro a partilhou com as pessoas da casa de Cornélio, todas receberam Cristo, voltaram para a família de Deus e começou-se um grupo novo.

Uma forma de começar grupos ou igrejas novos é um pastor de uma igreja existente ir numa viagem missionária de curta duração e ajudar a começar um grupo ou igreja novos. Este tipo de missão de implantação de igrejas normalmente requer de uma a três semanas."

- Na quarta coluna do seu Plano de Jesus, escreva o nome de um pastor que conhece que poderá ajudar a começar um grupo ou igreja novos. Escreva uma curta descrição de como isso acontecerá.

2. **Paulo**

   –ACT 13,2–
   ESTANDO ELES A CELEBRAR O CULTO EM HONRA DO SENHOR E A JEJUAR, DISSE-LHES O ESPÍRITO SANTO: "SEPARAI BARNABÉ E SAULO PARA O TRABALHO A QUE EU OS CHAMEI."

"Paulo e Barnabé eram líderes na igreja de Antioquia. Deus falou-lhes durante um tempo de adoração e encarregou-os de ir a áreas não alcançadas e partilhar o Evangelho. Obedientes, começaram grupos e igrejas por todo o Império Romano.

A segunda forma de começar grupos ou igrejas é enviar líderes a outras cidades e regiões para partilhar o Evangelho. Estes missionários reúnem novos crentes e começam grupos e igrejas novos. Esta missão geralmente requer de um a três meses."

- Na quarta coluna do seu Plano de Jesus, escreva o nome de líderes de igrejas que conhece que poderão ajudar a começar um grupo ou igreja novos. Escreva uma curta descrição de como isso acontecerá.

3. **Priscila e Áquila**

   –1Cor 16,19–
   Saúdam-vos as igrejas da Ásia. Áquila e Priscila, juntamente com a assembleia que se reúne em sua casa, enviam-vos muitas saudações no Senhor.

   "Priscila e Áquila eram pessoas de negócios na igreja. Começaram um grupo ou igreja onde quer que viveram e trabalharam. Quando o seu negócio mudava de local, começavam um grupo ou igreja novos na sua nova localização.

   A terceira forma de começar grupos ou igrejas novos é pessoas de negócios cristãs começarem grupos que se tornem igrejas entre a sua clientela. Se uma pessoa de negócios cristã se mudar para uma área onde não exista nenhuma igreja, começa um grupo. Esta missão geralmente requer de um a três anos."

   - Na quarta coluna do seu Plano de Jesus, escreva o nome de pessoas de negócios que conhece que poderão ajudar a começar um grupo ou igreja novos. Escreva uma curta descrição de como isso acontecerá.

4. **Perseguidos**

   –Act 8,1–
   Saulo aprovava também essa morte. No mesmo dia, uma terrível perseguição caiu sobre a igreja de Jerusalém. À excepção dos Apóstolos, todos se dispersaram pelas terras da Judeia e da Samaria.

   "O último grupo de pessoas que começou grupos e igrejas nos Actos dos Apóstolos eram crentes perseguidos. Muitos crentes fugiram de Jerusalém quando Saulo começou a perseguir violentamente a

Igreja. Começaram grupos e igrejas por toda a Judeia e Samaria. Sabemos que isto é verdade, porque os apóstolos posteriormente visitaram as igrejas já estabelecidas nessas áreas.

A última forma de começar grupos e igrejas novos é com crentes perseguidos que têm de se mudar para uma cidade nova. Se não existir nenhum grupo ou igreja, os crentes acabados de chegar começam-nos. Começar um grupo ou igreja não requer um curso de seminário, apenas amor a Jesus e um coração que quer obedecer às Suas ordens."

- Na quarta coluna do seu Plano de Jesus, escreva o nome de pessoas deslocadas que conhece que poderão ajudar a começar um grupo ou igreja novos. Escreva uma curta descrição de como isso acontecerá.

Versículo de Memorização

−ACT 1:8−
MAS IDES RECEBER UMA FORÇA, A DO ESPÍRITO SANTO, QUE DESCERÁ SOBRE VÓS, E SEREIS MINHAS TESTEMUNHAS EM JERUSALÉM, POR TODA A JUDEIA E SAMARIA E ATÉ AOS CONFINS DO MUNDO."

- Todas as pessoas levantam-se e dizem o versículo de memorização dez vezes em conjunto. Nas primeiras seis vezes, podem usar a Bíblia ou apontamentos. Nas últimas quatro vezes, dizem o versículo de cor. Diga sempre a referência do versículo antes de o citar e sente-se quando acabar.
- Seguir esta rotina ajudará os formadores a saber que equipas terminaram a lição na secção "Prática".

Prática

- Divida os líderes em grupos de quatro. Peça-lhes para usar o processo de formação com a lição de liderança.
- Conduza os líderes pelo processo de formação passo a passo, dando-lhes 7-8 minutos para discutir cada uma das secções seguintes.

PROGRESSO

"Partilhem o progresso que fizeram a começar grupos e igrejas nos quatro locais diferentes com quatro tipos diferentes de iniciadores de grupos."

PROBLEMAS

"Partilhem os problemas que estão a ter a começar grupos ou igrejas nos quatro locais diferentes com os quatro tipos diferentes de iniciadores de grupos."

PLANOS

"Falem de duas tarefas que encaminharão o vosso grupo a fazer nos próximos 30 dias que os ajudarão a começar um grupo ou igreja novos.

- Os líderes devem registar os planos uns dos outros para mais tarde poderem rezar pelos seus parceiros.

PRÁTICA

"Partilhem uma tarefa irão fazer nos próximos 30 dias para vos ajudar a melhorar como líderes nesta área."

- Todas as pessoas registam o item prático dos seus parceiros para poderem rezar por eles mais tarde.
- Os líderes levantam-se e dizem o versículo de memorização dez vezes em conjunto depois de todos terem partilhado a competência que irão praticar.

ORAÇÃO

- Passem algum tempo a rezar pelos planos uns dos outros e pela competência que praticarão nos próximos 30 dias para melhorar como líderes.

FINAL

Quanto é que custa começar uma igreja nova?

"De que é que precisam para começar uma igreja nova? Façamos uma lista."

- Escreva a lista no quadro à medida que os alunos respondem à questão. Permita a discussão ou debate. Por exemplo, se alguém disser "edifício", pergunte aos outros estudantes se é necessário um edifício para começar uma igreja.

"Agora que temos uma lista dos itens de que necessitam para começar uma igreja, vamos escrever o preço de cada item."

- Percorra a lista, pedindo aos estudantes para estimar o custo de cada item. Encoraje os discentes a debater e a concordar com um preço para cada linha. Geralmente, o grupo decidirá que começar uma igreja nova não custa nada, ou, no máximo, dinheiro suficiente para comprar uma Bíblia.

"O objectivo deste exercício é abordar um erro comum cometido pelas pessoas quando estão a planear começar igrejas. Supõem que é necessário muito dinheiro para começar uma igreja. Contudo, a maioria das igrejas começa em casas e não custa muito dinheiro. Até as mega-igrejas grandes de hoje geralmente começaram numa casa. Fé, esperança e amor são as únicas coisas essenciais para começar uma igreja, e não uma grande conta bancária."

O Meu Plano de Jesus

- Peça aos líderes para olhar para as costas dos seus guias de participante, para a página "O Plano de Jesus".

"Apresentaremos os nossos Planos de Jesus uns aos outros na próxima sessão. Passem alguns minutos a completar o vosso plano de Jesus e pensem em como o apresentarão ao grupo. Quando terminarem, passem algum tempo em oração a pedir a bênção de Deus para a próxima sessão."

OUTRA PERGUNTA COMUM

Como é que trabalha com pessoas não-alfabetizadas em sessões de formação?

A *Formação para Seguir Jesus* usa vários auxiliares de ensino que ajudam as pessoas alfabetizadas e não-alfabetizas a lembrar-se do que aprenderam. Na nossa experiência, os dois grupos apreciam e tiram proveito da formação da mesma forma. Enfatizamos mais os movimentos com as mãos quando formamos pessoas não-alfabetizadas. Em algumas culturas asiáticas, as mulheres não recebem nenhuma educação após o 3º ano de escolaridade. Depois de formarmos um destes grupos de mulheres, estas vieram ter connosco com lágrimas nos olhos. Disseram-nos: "Obrigada, porque os movimentos com as mãos ajudaram-nos a aprender e agora já podemos seguir Jesus."

Mesmo num ambiente não-alfabetizado, geralmente uma pessoa pode ler para o grupo. Tipicamente, pedimos a esta pessoa para ler as Escrituras em voz alta para todo o grupo. Por vezes pedimos ao leitor para dizer as Escrituras 2 ou 3 vezes para nos assegurarmos de que o grupo compreende. Se sabemos de antemão que o grupo é sobretudo não-alfabetizado, procuramos produzir uma gravação de vídeo ou de áudio de cada sessão.

A televisão e o rádio influenciam muito as pessoas não-alfabetizadas, mesmo em aldeias longínquas. Não cometa o erro de pensar que tem de ensinar repetidamente a lição a discentes não-alfabetizados. Se os discentes não compreenderem a lição à primeira, forme-os mais uma vez e depois deixe-lhes uma gravação ou vídeo para reverem quando não estiver presente. A maior parte dos lugares tem disponível pelo menos um leitor de DVD ou VCD público. Os leitores de MP3 estão facilmente acessíveis e podem funcionar a pilhas.

Deus continuará a abençoar muitos discentes depois de se ir embora através gravações de vídeo e áudio. Se fizer uma gravação destas, por favor envie uma cópia para *lanfam@FollowJesusTraining.com*.

10

Seguir Jesus

Em *Formar Líderes Radicais*, os líderes aprenderam quem constrói a igreja e porque é que isso é importante. Dominaram as cinco partes da estratégia de Jesus para alcançar o mundo e treinaram instruir-se uns aos outros. Compreendem as sete qualidades de um grande líder, desenvolveram uma "árvore da formação" para utilizar no futuro e sabem trabalhar com personalidades diferentes. Cada líder tem um plano baseado no plano de Jesus que consta em Lc 10. "Seguir Jesus" aborda a única parte da liderança que falta: a motivação.

Há dois mil anos, as pessoas seguiram Jesus por vários motivos. Algumas, como Tiago e João, acreditavam que seguir Jesus lhes traria fama. Outras, como os fariseus, seguiram-No para criticar e mostrar a sua superioridade. Outros ainda, como Judas, seguiram Jesus pelo dinheiro. A multidão de cinco mil pessoas queria seguir Jesus porque Ele proporcionou a comida de que precisavam. Outro grupo seguiu Jesus porque precisava de cura, e apenas uma pessoa regressou para agradecer. Infelizmente, muitas pessoas seguiram Jesus egoisticamente pelo que Ele lhes podia dar. Hoje não é diferente. Como líderes, devemos examinar-nos a nós mesmos e perguntar: "Porque é que estou a seguir Jesus?"

Jesus elogiou as pessoas que O seguiram com um coração de amor. O presente extravagante (perfume) de uma mulher desprezada trouxe a promessa de lembrança sempre que as pessoas pregassem o Evangelho. O tostão da viúva tocou mais no coração de Jesus do que todo o ouro do templo. Jesus ficou desapontado quando um jovem promissor se recusou a amar a Deus com todo o seu coração, escolhendo em vez disso a sua riqueza. Mais, Jesus só fez uma pergunta a Pedro para o restabelecer depois da sua traição: "Simão, tu és deveras meu amigo?" Os líderes espirituais amam as pessoas e amam a Deus.

A sessão termina com cada líder a partilhar o seu "Plano de Jesus". Os líderes rezam uns pelos outros, comprometem-se a trabalhar juntos e a instruir novos líderes pelo amor e a glória de Deus.

LOUVOR

- Cantem dois cânticos de adoração em conjunto. Peça a um líder para rezar por esta sessão.

PROGRESSO

Boas-vindas
Quem Constrói a Igreja?
Porque é que Isso é Importante?
Como é Que Jesus Constrói a Sua Igreja?
Ser Forte em Deus
Partilhar o Evangelho
Fazer Discípulos
Começar Grupos e Igrejas
Desenvolver Líderes

–1Cor 11,1–Sede meus imitadores, como eu o sou de Cristo.

Formar Como Jesus
   Como é Que Jesus Formou Líderes?
      Progresso
      Problemas
      Planos
      Prática
      Oração

–Lc 6,40–Não está o discípulo acima do mestre, mas o discípulo bem formado será como o mestre.

Liderar Como Jesus
   Quem é o Maior Líder Segundo Jesus?
   Quais São Sete Qualidades de um Grande Líder?
      1. Os Grandes Líderes Amam As Pessoas
      2. Os Grandes Líderes Conhecem a Sua Missão
      3. Os Grandes Líderes Servem Os Seus Seguidores
      4. Os Grandes Líderes Corrigem Com Bondade
      5. Os Grandes Líderes Conhecem Os Problemas Actuais Do Grupo
      6. Os Grandes Líderes Dão Um Bom Exemplo A Seguir
      7. Os Grandes Líderes Sabem Que São Abençoados

–Jo 13,14-15–Ora, se Eu, o Senhor e o Mestre, vos lavei os pés, também vós deveis lavar os pés uns aos outros. Na verdade, dei-vos exemplo para que, assim como Eu fiz, vós façais também.

Crescer em Força
   Que Personalidade é Que Deus Lhe Deu?
      Soldado
      Procurador

　　　　Pastor ✋
　　　　Semeador ✋
　　　　Filho ✋
　　　　Santo ✋
　　　　Servo ✋
　　　　Investidor ✋
　Qual é o Tipo de Personalidade De Que Deus Mais Gosta?
　Qual é o Tipo de Personalidade Que Faz o Melhor Líder?

> –Rm 12,4-5– É que, como num só corpo, temos muitos membros, mas os membros não têm todos a mesma função, assim acontece connosco: os muitos que somos formamos um só corpo em Cristo, mas, individualmente, somos membros que pertencem uns aos outros.

Mais Fortes Juntos
　Porque é Que Há Oito Tipos de Pessoas No Mundo?
　Como é Jesus?
　　　　Soldado ✋
　　　　Procurador ✋
　　　　Pastor ✋
　　　　Semeador ✋
　　　　Filho ✋
　　　　Salvador/Santo ✋
　　　　Servo ✋
　　　　Investidor ✋
　Quais São as Três Escolhas Que Temos Quando Há um Conflito?
　　　Fugir ✋
　　　Lutar uns contra os outros ✋
　　　Encontrar uma forma pelo Espírito de Deus de trabalhar em conjunto ✋

> –Gl 2,20– Já não sou eu que vivo, mas é Cristo que vive em mim.

Partilhar o Evangelho
   Como Posso Partilhar o Evangelho Simples?
      Conta dourada
      Conta azul
      Conta verde
      Conta preta
      Conta branca
      Conta vermelha
   Porque é Que Precisamos da Ajuda de Jesus?
      Ninguém é esperto o suficiente para voltar para Deus. ✋
      Ninguém pode dar o suficiente para voltar para Deus. ✋
      Ninguém é forte o suficiente para voltar para Deus. ✋
      Ninguém é bom o suficiente para voltar para Deus. ✋

> –Jo 14,6–Jesus respondeu-lhe: "Eu sou o Caminho, a Verdade e a Vida. Ninguém pode ir até ao Pai senão por mim."

Fazer Discípulos
   Qual é o Primeiro Passo do Plano de Jesus?
      Preparem os Vossos Corações ✋
         Ide Dois a Dois ✋
         Ide Para Onde Jesus Está a Trabalhar ✋
         Orem Por Líderes Da Messe ✋
         Ide Com Humildade ✋
         Dependam de Deus, e não do Dinheiro ✋
         Ide Directamente Para Onde Ele Está a Chamar ✋

> –Lc 10,2-4–Disse-lhes: "A messe é grande, mas os trabalhadores são poucos. Rogai, portanto, ao dono da messe que mande trabalhadores para a sua messe."

Começar Grupos
  Qual é o Segundo Passo do Plano de Jesus?
    Desenvolvam Amizades 🖐
      Encontrem Uma Pessoa de paz
      Comam e Bebam do Que Lá Houver
      Não Andem de Casa em Casa
  Qual é o Terceiro Passo do Plano de Jesus?
    Partilhem a Boa Nova 🖐
      Curem os Doentes
      Proclamem o Evangelho
  Qual é o Quarto Passo do Plano de Jesus?
    Avaliem os Resultados e Ajustem-se 🖐
      Avaliem Como Eles Respondem
      Vão-se Embora Se Não Responderem

  –Lc 10,9–Curai os doentes que nela houver e dizei-lhes: 'O Reino de Deus já está próximo de vós.'

Começar Igrejas
  Quais São os Quatro Locais Onde Jesus Ordenou Que os Crentes Começassem Igrejas?
    Jerusalém
    Judeia
    Samaria
    Extremo
  Quais São Quatro Formas de Começar uma Igreja?
    Pedro
    Paulo
    Priscila e Áquila
    Perseguidos
  Quanto é que custa começar uma igreja nova?

  –Act 1,8–"Mas ides receber uma força, a do Espírito Santo, que descerá sobre vós, e sereis minhas

> *testemunhas em Jerusalém, por toda a Judeia e Samaria e até aos confins do mundo."*

Plano

Porque é Que Seguem Jesus?

"Quando Jesus caminhou na Terra há dois mil anos, as pessoas seguiram-No por razões diferentes.

As pessoas como Tiago e João acreditavam que seguir Jesus lhes traria fama."

> –MC 10,35-37–
> Tiago e João, filhos de Zebedeu, aproximaram-se dele e disseram: "Mestre, queremos que nos faças o que te pedimos." Disse-lhes: "Que quereis que vos faça?" Eles disseram: "Concede-nos que, na tua glória, nos sentemos um à tua direita e outro à tua esquerda."

"As pessoas como os fariseus seguiram Jesus para mostrar o quão inteligentes eram."

> –LC 11,53-54–
> Quando saiu dali, os doutores da Lei e os fariseus começaram a pressioná-lo fortemente com perguntas e a fazê-lo falar sobre muitos assuntos, armando-lhe ciladas e procurando apanhar-lhe alguma palavra para o acusarem.

"As pessoas como Judas seguiram Jesus pelo dinheiro."

–JO 12,4-6–
Nessa altura disse um dos discípulos, Judas Iscariotes, aquele que havia de o entregar: «Porque é que não se vendeu este perfume por trezentos denários, para os dar aos pobres?» Ele, porém, disse isto, não porque se preocupasse com os pobres, mas porque era ladrão e, como tinha a bolsa do dinheiro, tirava o que nela se deitava.

"As pessoas como a multidão de cinco mil seguiram Jesus pela comida."

–JO 6,11-15–
Então, Jesus tomou os pães e, tendo dado graças, distribuiu-os pelos que estavam sentados, tal como os peixes, e eles comeram quanto quiseram. Quando se saciaram, disse aos seus discípulos: «Recolhei os pedaços que sobraram, para que nada se perca». Recolheram-nos, então, e encheram doze cestos de pedaços dos cinco pães de cevada que sobejaram aos que tinham estado a comer. Aquela gente, ao ver o sinal milagroso que Jesus tinha feito, dizia: «Este é realmente o Profeta que devia vir ao mundo!» Por isso, Jesus, sabendo que viriam arrebatá-lo para o fazerem rei, retirou-se de novo, sozinho, para o monte.

"As pessoas como os dez leprosos seguiram Jesus pela cura."

–LC 17,12-14–
Ao entrar numa aldeia, dez homens leprosos vieram ao seu encontro; mantendo-se à distância, gritaram, dizendo: «Jesus, Mestre, tem misericórdia de nós!» Ao vê-los, disse-lhes: «Ide e

MOSTRAI-VOS AOS SACERDOTES.» ORA, ENQUANTO IAM A CAMINHO, FICARAM PURIFICADOS.

"Como podem ver, muitas pessoas seguiram Jesus com um coração egoísta. Preocuparam-se pouco com Jesus e mais com o que Ele lhes podia dar. Hoje não é diferente.

Como líderes, devemos examinar-nos a nós mesmos e perguntar: 'Porque é que estou a seguir Jesus?'

Estão a seguir Jesus para se tornarem famosos?

Estão a segui-Lo para poderem mostrar às pessoas o quão inteligentes são?

Estão a seguir Jesus pelo dinheiro?

Estão a segui-Lo para proporcionar comida à vossa família?

Estão a seguir Jesus com a esperança de que ele vos irá curar?

As pessoas seguem Jesus por muitas razões. No entanto, Deus só abençoa uma motivação. Jesus quer pessoas que O seguem com um coração de amor.

Lembram-se da mulher pecadora marginalizada que derramou um perfume caro sobre Jesus?"

–MT 26,13–
EM VERDADE VOS DIGO: EM QUALQUER PARTE DO MUNDO ONDE ESTE EVANGELHO FOR ANUNCIADO, HÁ-DE TAMBÉM NARRAR-SE, EM SUA MEMÓRIA, O QUE ELA ACABA DE FAZER."

"Lembram-se da viúva pobre? A sua oferta tocou mais no coração de Jesus do que todas as riquezas do templo."

–LC 21:3–
E DISSE: "EM VERDADE VOS DIGO QUE ESTA VIÚVA POBRE DEITOU MAIS DO QUE TODOS OS OUTROS".

"Lembram-se da única pergunta que Jesus fez a Pedro depois de este O trair?"

–JO 21,17–
E PERGUNTOU-LHE, PELA TERCEIRA VEZ: «SIMÃO, FILHO DE JOÃO, TU ÉS DEVERAS MEU AMIGO?» PEDRO FICOU TRISTE POR JESUS LHE TER PERGUNTADO, À TERCEIRA VEZ: 'TU ÉS DEVERAS MEU AMIGO?' MAS RESPONDEU-LHE: «SENHOR, TU SABES TUDO; TU BEM SABES QUE EU SOU DEVERAS TEU AMIGO!» E JESUS DISSE-LHE: «APASCENTA AS MINHAS OVELHAS.

"Jesus questionou Pedro sobre o amor no seu coração porque essa é a questão fundamental para Jesus. Estamos a segui-Lo porque O amamos?

Seguimos Jesus com um coração de amor porque Ele amou-nos primeiro. Fortalecemo-nos em Deus porque amamos Jesus. Partilhamos o Evangelho porque amamos Jesus. Fazemos discípulos porque amamos Jesus. Começamos grupos que se tornam igrejas porque amamos Jesus. Formamos líderes espirituais porque amamos Jesus. Só a fé, a esperança e o amor permanecerão quando esta terra desaparecer. Porém, o maior deles é o amor."

Apresentações Do Plano De Jesus

- Divida os discentes em grupos de cerca de oito pessoas cada um. Explique aos líderes o programa para as apresentações seguinte.
- Os líderes formam um círculo e apresentam o seu "Plano de Jesus", à vez, ao seu grupo. Depois da apresentação, os outros líderes colocam as mãos sobre o "Plano de Jesus" e rezam pelo poder e bênção de Deus. Os líderes rezam em voz alta, ao mesmo tempo, pelo líder que apresentou o seu plano.
- Um dos líderes finaliza o tempo de oração conforme o Espírito liderar. Nesta altura, a pessoa que está a apresentar o seu "Plano de Jesus" segura-o junto ao coração e o grupo diz: "Toma a tua cruz e segue Jesus" três vezes em uníssono.
- Repita os passos descritos em cima até todos os líderes terem apresentado o seu "Plano de Jesus".
- Depois de todas as pessoas terem apresentado o seu plano, os líderes juntam-se a outro grupo que ainda não tenha terminado. No final, todos os grupos vão-se juntando uns outros até que só há um grande grupo.
- Termine o tempo de formação a cantar uma canção de adoração e dedicação que seja relevante para os discentes do grupo.

Parte 3
RECURSOS

Mais Estudo

Consideramos que os seguintes autores são os mais úteis na formação de líderes radicais. O primeiro livro a traduzir no trabalho missionário é a Bíblia. Depois da Bíblia, recomendamos a tradução destes sete livros como uma base sólida para o desenvolvimento de uma liderança eficiente:

BLANCHARD, Ken e HODGES, Phil. *Lead like Jesus: Lessons from the Greatest Role Model of all Time.* Nashville, TN: Thomas Nelson, 2006.

CLINTON, J. Robert. *The Making of a Leader.* Colorado Springs, CO: NavPress Publishing Group, 1988.

COLEMAN, Robert E. *The Masterplan of Evangelism.* Westwood, NJ: Fleming H. Revell, 1970.

HETTINGA, Jan D. *Follow Me: Experiencing the Loving Leadership of Jesus.* Colorado Springs, CO: Navpress, 1996.

MAXWELL, John C. *Developing the Leader Within You.* Nashville, TN: Thomas Nelson Publishers, 1993.

OGNE, Steven L. e NEBEL, Thomas P. *Empowering Leaders through Coaching.* St. Charles, IL: Churchsmart Resources, 1995.

SANDERS, J. Oswald. *Spiritual Leadership: Principles of Excellence for Every Believer.* Moody Publishers, 2007.

Apêndice A

PERGUNTAS FREQUENTES

O que devo fazer se não conseguir completar a lição numa hora e meia?

Lembre-se de que o processo e o conteúdo são igualmente importantes. Seguir o processo gera confiança. Um conteúdo de qualidade traz educação. Tanto o processo como o conteúdo de qualidade produzem transformação. Reparámos que o erro mais comum na formação dos outros é dar conteúdo a mais e tempo a menos para praticar.

A maioria das lições da *Formação Para Seguir Jesus* tem uma pausa natural a meio da lição. Se vir que não tem tempo suficiente para completar a lição, ensine a primeira metade da lição seguindo todo o processo de formação e leccione o resto da lição no encontro seguinte. Dependendo do nível de educação das pessoas que está a formar, pode optar por fazer sempre isto.

O nosso objectivo é ajudar discentes adultos a introduzir o estilo de liderança de Jesus em todas as partes das suas vidas. Isso requer tempo e paciência, mas vale bem o investimento.

Como é que se reconhece um movimento de liderança?

Deus está a mover-se de formas significativas pelas nações. Actualmente, os investigadores documentaram mais de 80 movimentos de pessoas. Se partilhar o Evangelho impele o "motor" destes movimentos, então as "rodas" são o desenvolvimento da liderança. Na verdade, frequentemente é difícil distinguir se são movimentos de liderança, de discipulado ou de implantação de igrejas. Qualquer que seja o nome, partilham todos uma qualidade: homens, mulheres, jovens e crianças nas suas esferas de influência a ser como Cristo, o maior líder de todos os tempos.

As correntes de liderança caracterizam um movimento de liderança. Grupos pequenos de homens ou de mulheres encontram-se para responsabilização, instrução e aprendizagem. Paulo falou destes tipos de correntes em 2Tm 2,2. Um líder recebe instrução num grupo e dá instrução a outro grupo. Nos movimentos totalmente desenvolvidos, as correntes de liderança expandem-se continuamente até à sexta ou sétima geração. Mas qualquer organização, ministério ou grupo de pessoas só consegue ir o mais longe que os seus líderes o consigam liderar. Por essa razão, a liderança tem de ser cultivada intencionalmente, porque os líderes não nascem líderes. Os líderes precisam de aprender a liderar.

Num movimento de liderança, os adolescentes aprendem as ferramentas da liderança: a visão, a finalidade, a missão e os objectivos. Os homens e as mulheres na casa dos vinte começam a aplicar estas ferramentas aos seus negócios e vidas privadas. As pessoas com trinta anos concentram as ferramentas em ministérios ou negócios específicos. Quando alguém está na casa dos quarenta, começa a ver o fruto de aplicar as ferramentas de liderança com perseverança. As pessoas na casa dos cinquenta, que já seguem o estilo de liderança de Jesus há muito tempo, servem como modelos para as gerações mais novas. Geralmente, as pessoas na casa dos sessenta podem instruir muitos homens e mulheres mais novos como líderes. Os santos na casa dos setenta deixam um legado de lealdade e produtividade, mesmo na sua velhice.

De que formas é que o papel de um missionário estrangeiro mudou ao longo do tempo?

Todos os esforços missionários têm quatro fases: descoberta, desenvolvimento, posicionamento e delegação. Cada fase tem objectivos e desafios singulares. Cada fase também requer dos missionários um conjunto de competências diferente.

A fase da *descoberta* inclui identificar pessoas não alcançadas, enviar missionários pioneiros e estabelecer uma posição numa área não alcançada. O papel missionário é explorar, evangelizar e estabelecer relações com pessoas nacionais interessadas. O fruto deste período é algumas igrejas. Porém, muitas vezes as igrejas assemelham-se mais às igrejas do país do grupo enviado do que ao país e à cultura receptores. Durante a fase da descoberta, os missionários fazem oitenta por cento do trabalho enquanto os nacionais contribuem com vinte por cento.

As poucas igrejas começadas na fase da descoberta continuam a crescer e começam outras igrejas, levando a uma associação de igrejas na fase do *desenvolvimento*. Nesta fase, os missionários ajudam a ligar as igrejas, evangelizam e começam esforços de discipulado intencionais entre os crentes. Uma cultura cristã pequena começa a estabelecer-se no país anfitrião. Na fase do desenvolvimento, os missionários fazem sessenta por cento do trabalho enquanto os nacionais contribuem com quarenta por cento.

A missão passa para a fase do *posicionamento* quando várias associações de igrejas formam uma convenção ou rede. Este período começa geralmente com uma centena de grupos ou igrejas e continua a ganhar impulso. O papel do missionário é assegurar um desenvolvimento contínuo da liderança, ajudar os nacionais a investigar áreas problemáticas e assisti-los à medida que implementam uma estratégia para alcançar o seu grupo inteiro de pessoas. Na fase do posicionamento, os nacionais fazem sessenta por cento do trabalho enquanto os missionários contribuem com quarenta por cento.

A última fase de todas as missões é a *delegação*. Nesta fase, os missionários confiam o trabalho a crentes nacionais. Os missionários regressam ao trabalho em alturas de instrução, celebração e colaboração. Durante a fase da delegação, os nacionais fazem noventa por cento do trabalho, enquanto os missionários contribuem com dez por cento. A fase da descoberta começa novamente, mas desta vez na vida e no trabalho dos crentes nacionais.

Os missionários estrangeiros devem reconhecer que actualmente estão na fase da delegação na maioria das partes do mundo. Hoje, o papel principal de um missionário é instruir, formar e ajudar os seus irmãos e irmãs nacionais a realizar a missão que Deus lhes deu. Um dos objectivos da Formação Para Seguir Jesus é facultar aos missionários ferramentas simples e reproduzíveis para a fase da delegação.

O que é a "Regra dos 5?"

Explicado de forma simples, uma pessoa tem de treinar uma competência cinco vezes antes de ter a confiança necessária para realizar essa competência sozinha. Após formarmos quase 5000 pessoas pessoalmente nos últimos nove anos, vimos este princípio provado repetidamente.

Os seminários de formação estão cheios de adultos inteligentes e capazes, mas na maioria das vezes ocorre pouca mudança nas suas vidas depois do seminário. Uma resposta típica a este problema é tornar o conteúdo mais interessante, ou mais memorável, ou (preencha o espaço em branco). Geralmente, o problema não é o conteúdo, mas o facto de que as pessoas não o treinaram o suficiente para o tornar parte das suas vidas.

Apêndice A

Porque é que usam tantos movimentos com as mãos?

As pessoas aprendem com o que vêem, o que ouvem e o que fazem. Os métodos da educação ocidental realçam o primeiro e o segundo tipos de aprendizagem (sobretudo no formato de palestra). Muitos estudos documentam o pouco que é retido pelos discentes usando apenas a fala e a audição. O terceiro estilo de aprendizagem (cinestésico) permanece a abordagem mais negligenciada na formação dos outros. Descobrimos que os movimentos com as mãos são a forma mais fácil de ensinar um grupo a memorizar uma grande quantidade de informação. Tanto as pessoas alfabetizadas como as pessoas não-alfabetizadas conseguem recontar melhor as histórias quando são combinadas com acções ou movimentos com as mãos.

Convém saber que quando começámos a formar os outros com a *Formação Para Seguir Jesus* não usávamos movimentos com as mãos. No entanto, mudámos a nossa abordagem quando alterámos um dos objectivos da formação: queríamos que os discentes conseguissem repetir o seminário inteiro para nós no fim. A memorização é um ingrediente-chave da maior parte dos ambientes de aprendizagem asiáticos. Agora, as pessoas conseguem repetir o seminário inteiro, de cor, na última sessão, porque usamos movimentos com as mãos. Não o conseguiam fazer antes de os começarmos a usar. Após algumas sessões curtas, os discentes apreciam a aprendizagem activa e ficam maravilhados por se conseguirem lembrar do seminário inteiro no fim.

Depois de começarmos a usar os movimentos com as mãos, reparámos no aumento do número de líderes a formar líderes. A formação espiritual implica mais do que apenas a mente. Se o coração permanecer inalterado não ocorreu nenhuma transformação. Usar movimentos com as mãos ajuda a deslocar aquilo que aprendemos da cabeça para o coração. É por isso que ensinamos as crianças com movimentos com as mãos, para as ajudar a lembrar-se para toda a vida de verdades importantes. Adultos, jovens e crianças conseguem aprender num ambiente multigeracional quando usamos movimentos com as mãos. Pessoalmente, uso movimentos com as mãos com regularidade nos meus tempos de oração para me manter concentrado na parte da oração em que me estou a focar – louvor, arrependimento, pedido ou rendição.

Porque é que as lições são tão simples?

A razão principal de as lições serem simples é que nós seguimos o exemplo de Jesus de ensinar de forma simples. Ele tornou simples o complexo. Nós tornamos complexo o que é simples. A preocupação de Jesus é a mudança de vida, e não dominar a "verdade mais nova". Quanto ensinamos de forma simples, as crianças, jovens e adultos conseguem aprender as lições em comunidade. Não precisa de uma máquina de localização caríssima e toda apetrechada para lhe dizer onde fica o "Norte". Serve uma bússola barata.

    O livro dos Provérbios diz para procurarmos a sabedoria acima de tudo. A sabedoria é a capacidade de aplicar o conhecimento à vida com habilidade e rectidão. Reparámos que quanto mais complexo é um plano, mais provável é que este falhe. Pastores e missionários por todo o mundo têm planos missionários estratégicos que demoraram semanas ou meses a desenvolver. A maioria destes planos está numa prateleira em qualquer lado. Algumas pessoas defendem que o livro dos Provérbios diz para evitarmos ser simples. No entanto, o livro diz para evitarmos ser "ingénuos". Os prudentes realizam uma tarefa de forma que os outros possam copiar; os ingénuos não.

    A boa notícia é que seguir Jesus não depende da inteligência, dos talentos, da educação, dos feitos ou da personalidade de uma pessoa. Seguir Jesus depende da disponibilidade de uma pessoa para obedecer às ordens de Jesus imediatamente, sempre e com um coração de amor. O ensino complexo normalmente cria discentes que não são capazes de aplicar a lição às suas vidas diárias. Jesus ordena que os crentes façam discípulos, ensinando-os a obedecer a todas as Suas ordens. Acreditamos que os professores impedem a obediência das pessoas quando ensinam lições complexas que o discente não consegue ensinar a outra pessoa.

Quais são alguns erros comuns que as pessoas cometem quando formam os outros?

Os formadores cometem erros de formação em três áreas: pessoas, processo e conteúdo. Tendo formado e sido formados por muitas pessoas, fazemos estas observações para o ajudar a fortalecer as suas competências.

Todos os discentes chegam a uma sessão de formação com experiências, conhecimento e competências anteriores. Os formadores que não consideram isto no início da sessão correm o risco de formar os discentes para fazer algo que já sabem fazer. Uma simples questão como "O que é que já sabem sobre este assunto?" ajuda os formadores a conhecer o nível apropriado a ensinar. Porém, já vimos formadores que presumem que os discentes sabem mais do que sabem. As suposições não verificadas originam sempre problemas no futuro. A comunicação resolve este problema. Como as pessoas têm estilos de aprendizagem diferentes, é um erro basear a sua formação em apenas um ou dois estilos. Fazê-lo garante que alguns discentes não beneficiarão tanto como poderiam beneficiar com um melhor planeamento da lição. As pessoas também têm necessidades diferentes de acordo com a sua personalidade. Formar de forma apelativa apenas para os extrovertidos exclui os introvertidos. As lições que se concentram em pessoas preocupadas com o "pensar" não são tão eficientes como as lições que também abordam o "sentir".

O processo de formação é outra área em que os professores cometem erros. A formação que não inclui a oportunidade para o debate e depende unicamente do discurso não é formação mas uma apresentação. A formação é uma jornada que envolve a pessoa inteira no domínio de uma competência, característica pessoal ou conhecimento. Reparámos que os formadores se concentram tanto no conteúdo que não dão aos discentes a oportunidade para falar do que aprenderam. Os momentos de aprendizagem mais ricos para os adultos são quando discutem a lição e a sua aplicação nas suas vidas. Outro erro comum é usar as mesmas técnicas de aprendizagem ao longo de todo o tempo de formação. Qualquer técnica de formação perde eficácia se for demasiado usada. O último erro é sessões de formação extensas. Regra geral, nós procuramos ensinar a lição durante um terço do tempo. Depois, pedimos aos discentes para praticar a lição durante um terço do tempo. Por último, lideramos uma discussão sobre a aplicação da lição durante o tempo restante. Numa sessão de noventa minutos, os discentes geralmente ouvem-nos falar durante cerca de vinte minutos.

Normalmente, a razão por que as sessões de formação demoram demasiado tempo é o formador estar a partilhar demasiado conteúdo – a última área em que os formadores cometem erros. Um bom conteúdo de formação abordará conhecimento, carácter, competência e motivação. Se o formador pertencer a um meio ocidental, é muito provável que se concentre na parte do conhecimento, presumindo que "conhecer" produz o resto. Este poderá falar do carácter e da motivação, mas raramente lidará com a prática de competências. Na maior parte das vezes, os formadores formam os outros usando o mesmo método usado neles. Porém, pode ser necessário quebrar com o passado para que aconteça uma mudança real nas vidas dos discentes. Uma formação excelente não procura apresentar apenas informação. O objectivo é a transformação. Reparámos em formadores que não adaptam os seus materiais a uma localização ou cultura novas; estão à espera que os produtores de arroz rurais lidem com o conteúdo como profissionais jovens e urbanos. A falta de oração é a razão mais comum para este erro.

Na nossa experiência, o maior erro que os formadores cometem é não dar aos discentes o tempo que eles necessitam para praticar o que aprenderam. Os formadores enfrentam a tentação de ver a formação como um acontecimento pontual e não como uma jornada contínua. Um sinal claro da "visão de acontecimento" é a atitude "Estão aqui. Vamos despejar neles todo o conhecimento que conseguirmos." Para se concentrarem antes em dar aos discentes um processo bíblico para formar os outros é preciso uma alteração de paradigma. Os formadores ficam mais preocupados com a pessoa que o discente formará, em vez de se preocuparem apenas com o discente. Se vir que tem mais conteúdo e nenhum tempo de prática, pode estar a dar às pessoas mais do que conseguem realisticamente obedecer ou partilhar com os outros. Está a prepará-las para o fracasso, em vez do sucesso.

O que é que sugerem se não houver líderes para formar?

Líderes em crescimento atraem líderes em crescimento. Quando se comprometer a seguir Jesus e o seu estilo de liderança, Deus abençoará e enviará outras pessoas para caminhar consigo. Contudo, temos de dar o primeiro passo de fé. Jesus vive em todos os crentes e deseja que o Seu reino venha e que a Sua vontade seja feita. O senhorio e a liderança trabalham juntos. Lembre-se de que não temos porque não pedimos. Reze por olhos para ver os líderes que Deus está a desenvolver. Reze por um coração de aceitação e encorajamento. Reze pela perspectiva de liderança de Jesus. Os pescadores são bons apóstolos.

Concentre-se nas pessoas que Deus já lhe deu, e não nas pessoas que não tem. Comece a tornar as pessoas que o estão a seguir em líderes mais fortes. Todas as pessoas lideram alguém. Os pais lideram as suas famílias. As mães lideram os filhos. Os professores lideram os seus alunos. As pessoas de negócios lideram as suas comunidades. Os princípios de liderança ensinados na *Formação Para Seguir Jesus* podem ser aplicados em qualquer destes cenários. As pessoas superam-se para satisfazer as nossas expectativas. Trate cada pessoa como que já seja um líder e veja o que Deus faz na sua vida.

Considere organizar um encontro de liderança-formação. Divulgue-o através de grupos de liderança existentes – os Lions Clubes, a Câmara do Comércio, a junta de freguesia ou a câmara municipal. Use estes materiais de formação para equipar líderes empresariais com os princípios de liderança do maior líder de todos os tempos. Organizar um encontro não só lhe dará credibilidade na comunidade, mas também o desenvolverá como líder. Se o seu grupo de pessoas não tiver seguidores de Jesus, forme líderes num grupo de pessoas "irmão", traçando uma visão para alcançar os não alcançados.

Quais são os primeiros passos para os líderes à medida que começam a formar novos líderes?

Jesus passou toda a noite em oração antes de seleccionar líderes, por isso a oração é o melhor lugar para começar. Reze para que se ergam líderes da messe para liderar a messe. Enquanto reza, lembre-se de que Deus olha para o coração e o homem para a aparência exterior. Procure lealdade e carácter em líderes potenciais. Com demasiada frequência, concentramo-nos no talento e nas primeiras impressões. Passe algum tempo em oração pedindo a Deus para elevar líderes espirituais entusiastas.

Depois de rezar, comece a partilhar de forma consistente a visão de líderes a seguir o exemplo de Jesus como líder. Reze com família e amigos, pedindo a Deus para vos ajudar a ser melhores líderes juntos. Pergunte às pessoas que Deus coloca no seu caminho se gostariam de aprender a tornar-se líderes mais fortes. Fale constantemente da visão de amigos que se ajudam mutuamente a desenvolver-se como líderes mais produtivos. À medida que traça a visão do desenvolvimento de líderes, repare nas pessoas que se mostram interessadas e envigoradas pelo que diz.

Apêndice A

O passo seguinte é pedir a Deus para lhe mostrar os líderes que Ele está a elevar. Não tente escolhê-los você mesmo. Deixe que "se escolham a si próprios" pela sua disponibilidade para fazer as tarefas exigidas aos líderes. Nós não "elegemos" líderes, mas "ungimos" os líderes que já se estão a mostrar fieis. Com demasiada frequência, as pessoas que nós teríamos colocado em "último" na nossa lista de líderes potenciais são colocadas em "primeiro" por Deus. Procure pessoas descontentes com o *statu quo*. Concentre-se em pessoas disponíveis para aprender e seguir. Não fique desapontado se a liderança superior de uma organização mostrar pouco interesse.

Por fim, comece a dar passos para realizar o seu Plano de Jesus. Nada atrai líderes já presentes e potenciais como a acção. As pessoas gostam de fazer parte de uma equipa vencedora. À medida que Deus abençoa o seu Plano de Jesus, também envia pessoas para o ajudar. Na maioria das vezes, Deus enviará membros da sua família, amigos e pessoas de negócios bem-sucedidas. Os líderes têm seguidores; quando segue Jesus, isso dará aos outros uma direcção clara que eles também podem seguir. Alguém tem de começar a jornada entre as pessoas do seu grupo. Que seja você!

Quais são diferentes situações em que os formadores usaram *Formar Líderes Radicais*?

Se só tiver um dia, recomendamos que ensine as lições "Como é Que Jesus Formou Líderes", "Sete Qualidades de um Grande Líder" e "Oito Papéis de Cristo" Isto irá equipar os líderes com as competências, o carácter e a paixão para formar outros líderes. Quando lhe pedirem para regressar, ensine as restantes lições para preencher o seu conhecimento de liderança e competência e dê-lhes um bom plano estratégico a seguir. Esta abordagem resulta melhor em situações em que as pessoas estão ocupadas e têm pouco tempo para frequentar sessões de formação.

Se só conseguir realizar os encontros uma vez por semana ou de duas em duas semanas, recomendamos que ensine o seminário lição a lição. As competências constroem-se umas em cima das outras e os líderes ganharão uma base sólida ao fim de 10 a 20 semanas. Encoraje os líderes a formar novos líderes entre os encontros com as lições que lhes está a dar. Esta abordagem resulta melhor quando as pessoas estão ocupadas mas conseguem reservar um tempo específico para estudar todas as semanas. Peça aos líderes para reensinar fora da aula qualquer lição que os outros percam por motivos de doença ou de uma circunstância imprevista.

Se tiver três dias, recomendamos que siga a ordem deste manual. Permita muita discussão e use os intervalos para encontros individuais com os líderes. No final de cada sessão, peça aos líderes para responder à seguinte questão: "O que é que Deus vos está a dizer sobre esta lição?" Deixe-os pensar nas suas respostas com o grupo. Os adultos aprendem melhor quando estão a discutir e a lidar com os problemas em conjunto. Isto também lhe dará uma percepção das necessidades do grupo. Esta abordagem resulta melhor em ambientes de Seminário ou de Escola Bíblica, com sacerdotes a tempo inteiro, e em ambientes rurais ou aldeias onde as pessoas trabalham de acordo com as épocas agrícolas.

Apêndice B

Listas de Verificação

Um Mês antes da Formação

- ○ *Recrute uma Equipa de Oração*– Recrute uma equipa de oração de doze pessoas para interceder pela formação, antes e durante a semana de formação. Isto é MUITO importante.
- ○ *Recrute um Aprendiz*– Recrute um aprendiz para colaborar consigo na formação, alguém que já tenha frequentado *Formar Líderes Radicais*.
- ○ *Convide Participantes*– Convide os participantes de forma culturalmente sensível. Envie cartas, convites, ou faça telefonemas. O melhor tamanho de um grupo para uma formação *Formar Líderes Radicais* é um ambiente de seminário com 16-24 líderes. Com a ajuda de vários aprendizes, pode formar até 50 líderes. As sessões *Formar Líderes Radicais* também podem ser realizadas de forma eficaz uma vez por semana com um grupo de três ou mais líderes.
- ○ *Confirme a Logística*– Arranje alojamento, refeições e transporte para os líderes conforme for preciso.
- ○ *Consiga um Local para a Reunião*– Arranje uma sala com duas mesas para as provisões ao fundo, cadeiras dispostas

em círculo para os participantes e bastante espaço para as actividades de aprendizagem durante as sessões. Se for mais apropriado, coloque um tapete no chão em vez de cadeiras. Não se esqueça de planear dois intervalos por dia, com café, chá e lanche.

o *Reúna Materiais de Formação*– Leve Bíblias, um quadro branco ou folhas grandes de papel, guias do aluno, guias do líder, marcadores ou lápis de cera coloridos, cadernos de apontamentos (como os que os alunos usam na escola), canetas ou lápis, uma bola de Chinlone e prémios.

o *Planeie Momentos de Adoração*– Use partituras ou um livro coral para cada participante. Encontre uma pessoa no grupo que toque guitarra e peça-lhe para o ajudar a liderar os tempos de adoração.

Depois da Formação

o *Avalie Todas as Partes da Formação com o Seu Aprendiz*– Passe algum tempo a rever e a avaliar o tempo de formação com o seu aprendiz. Crie uma lista de aspectos positivos e negativos. Faça planos para melhorar a formação na próxima vez que a ensinar.

o *Contacte Aprendizes Potenciais para o Ajudar em Formações Futuras*– Contacte dois ou três líderes que tenham mostrado potencial de liderança durante a formação para, no futuro, o ajudarem numa formação *Formar Líderes Radicais*.

o *Encoraje os Participantes a Levar um Amigo para a Formação Seguinte*– Encoraje os participantes na formação a voltar com parceiros de ministério na próxima sessão que frequentarem. Isto acelerará a quantidade de líderes que estão a formar outros líderes.

Apêndice C

Notas Para os Tradutores

O autor dá permissão para traduzir este material de formação para outras línguas, conforme Deus ordenar. Por favor, siga as seguintes directrizes quando traduzir materiais da *Formação Para Seguir Jesus* (FPSJ):

- Antes de começar o trabalho de tradução, recomendamos que forme outras pessoas várias vezes usando materiais da FPSJ. A tradução deve enfatizar o significado e não ser só uma tradução literal ou palavra por palavra. Por exemplo, se "caminhar no Espírito" estiver traduzido como "viver no Espírito" na sua versão da Bíblia, use a frase "viver no Espírito" nos materiais da FPSJ. Modifique os movimentos com as mãos conforme for preciso.
- Procure usar a língua comum do seu país o mais possível na tradução, evitando a "linguagem religiosa".
- Quando fizer citações das Escrituras, use uma tradução da Bíblia que a maioria das pessoas do seu grupo seja capaz de entender. Se só houver uma tradução e for difícil de entender, actualize os termos das Escrituras citadas para as tornar mais claras.
- Use um vocábulo com significado positivo para cada uma das oito imagens de Cristo. Muitas vezes, a equipa de

formação tem de experimentar vários vocábulos antes de encontrar o vocábulo certo.
- Para traduzir "santo", use um vocábulo da sua cultura que signifique uma pessoa santa. Se a palavra "santo" não descrever toda a santidade de Jesus na sua língua, escolha outro vocábulo ou use uma expressão. A expressão usada em inglês, por exemplo, em português quer dizer "o sagrado".
- "Servo" pode ser difícil de traduzir de forma positiva, mas é muito importante que o faça. Escolha cuidadosamente um termo que transmita a ideia de uma pessoa que trabalha muito, tem um coração humilde e gosta de ajudar os outros. A maioria das culturas tem a ideia de um "coração de servo".
- Adaptámos várias das encenações educativas para o Sudeste Asiático do seminário "Train and Multiply" ["Formar e Multiplicar"] de George Patterson. Sinta-se à vontade para as adaptar à sua cultura usando itens e ideias familiares ao seu grupo de pessoas.
- Adoraríamos saber informações sobre o seu trabalho e ajudar no que pudermos.
- Contacte-nos em *lanfam@FollowJesusTraining.com* para que possamos colaborar e ver mais pessoas a seguir Jesus!

Apêndice D

Mais Recursos

Pode aceder a vários recursos *online* que o ajudarão a formar os outros para seguir Jesus em *www.FollowJesusTraining.com*.

Os recursos incluem:

1. Artigos e perspectivas sobre a formação pelo autor.
2. Vídeos de todos os movimentos com as mãos de Formar Líderes Radicais.
3. Traduções de Formar Líderes Radicais. As traduções variam em qualidade, por isso peça a opinião de um crente nacional local antes de as usar.

Contacte-nos em *lanfam@FollowJesusTraining.com* para mais informações acerca de projectos e eventos de formação actuais.

www.ingramcontent.com/pod-product-compliance
Lightning Source LLC
Chambersburg PA
CBHW071500040426
42444CB00008B/1429